박윤선

-경건과 교회 쇄신을 추구한 개혁신학자-

현대 신학자 평전 15

박윤선
－경건과 교회 쇄신을 추구한 개혁신학자－

김영재 지음

살림

머리말

　정암(正岩) 박윤선(朴允善, 1905~1988)은 신학 교육에의 헌신과 성경 주석으로 한국 교회에 널리 알려진 이일 뿐 아니라 지금도 많은 사람들로부터 존경을 받는 신학자이다. 1946년부터 그가 평생을 바쳐 봉사한 세 신학교에서 그에게서 배우고 그와 사귐을 가진 수많은 목회자들과 신학 교수들이 그에 대한 추억과 존경심을 간직하고 있다. 특별히 그가 생애 마지막으로 헌신한 합동신학대학원에서 배운 문하생들의 그에 대한 존경과 사랑은 식을 줄을 모른다.

　이 학교 동문회에서는 1988년 그가 소천한 이후부터 오늘에 이르기까지 해마다 개교기념일을 기하여 그를 기념하는 '정암신학강좌'를 개최해 오고 있다. 그것은 유례가 없는 일이다. 신학 강좌에서는 한국 교회의 신학과 여러 실제적인 문제들을 주제로 다루지만, 박윤선의 생애와 신학도 자주 회고하며 논의한다.

그토록 많은 이들의 존경을 받는 그런 분의 평전을 그의 문하에서 배운 적이 없어서 제자의 반열에 들지 못하는 사람이 쓴다는 것은 큰 부담이 아닐 수 없다. 완강히 사양을 못하고 얼떨결에 집필을 맡은 죄로 주변을 두리번거리며 주저하면서 시일을 보내다가 마감 날짜를 훌쩍 넘겨 이제 겨우 졸고를 마무리 짓게 되었다. 오래 기다려 주신 출판사 편집진에게 미안한 마음을 전하며 감사한다.

필자는 박윤선의 문하생은 아니나 멀리서나마 그의 특강과 설교를 듣고 책도 읽으면서 영향을 받은 많은 이들 중 한 사람이다. 고등학교 시절에 그의 주석 전집 중 제일 먼저 출간된 요한계시록과 공관복음 주석을 즐겨 읽은 것과 초기 고려신학교에서 수 삼차에 걸쳐 열린 SFC 전국 학생 수양회에 참석하여 그의 특강과 설교를 들은 것이 필자가 그에게서 얻은 배움의 전부이지만, 그가 이끌어 온 합동신학교에서 뒤늦게 교수하였으며, 그와 깊은 관련이 있는 교회에서 오랫동안 협동 목사로 지내왔으니 그의 영향권의 변두리에서 살아온 셈이다.

박윤선은 한국 보수 신학자들 중 제일 먼저 박사 학위 논문을 위한 연구 대상이 된 인물이다. 1992년 서영일이 웨스트민스터에 제출한 논문은 장동민 박사의 번역을 통하여 『박윤선의 개혁신학 연구』라는 제목으로 한국기독교역사연구소에서 출판되었다.

　서영일 박사가 살아있다면 아마도 본 평전도 그의 몫이었을 것이다. 역자의 말에 따르면, 서영일의 논문은 웨스트민스터의 교수들과 학생들 모두에게 잘 쓴 연구 논문으로 극찬을 받았다고 하는데, 필자도 그 점에 동의하면서 이 작은 책을 쓰는 데 많은 것을 그의 책에 의존했으며, 그밖에 여러분들이 쓴 책과 논문들을 참고했음을 밝힌다. 이 작은 책이 학적인 연구 서적은 아니나 박윤선에 대한 일방적인 존경과 지지를 지양하여 교회사적인 관점에서 균형을 잃지 않고 그런 대로 평전답게 쓴 책이기를 바란다.

　이 평전을 쓰게 된 것을 영광으로 여기며, 청탁해 주신 살림출판사와 편집을 맡으신 김대섭, 김병규 선생, 사진 등 귀한 자료를 제공해 주신 영음사 이창숙 권사님과 장로교회사학회 장영학 목사님 및 도와주신 여러분과 교정을 보아주신 이동만 목사님께 진심으로 감사한다.

2007년 8월 10일
용인에서 김영재

차 례

머리말 4

1. 예수의 부름 받은 늦깎이 고학생   11
   서당에서 | 교회와 학교로 | 혼인 | 회심 | 전도자로 부름 받아

2. 미국 유학에서 거둔 소득   44
   유학길에 오르다 | 모친의 회심 | 칼빈주의 | 한부선과의 만남 | 기도의 원리와 설교 자세

3. 성경 주석에의 소명   68
   주석 사역의 시작 | 나라와 교회의 난국에서

4\. 망명   77

    두 번째 유학과 고국의 정황 | 봉천신학교와 망명 생활 | 해방을 맞이하여

5\. 회개 운동과 신학 교육   87

    고려신학교 | 고신에서 박형룡과 박윤선 | 회개 운동 | 고신의 신학적 입장 | 화란 유학 | 부인을 여의고 | 화란 유학에서 거둔 소득 | 실의와 좌절

6\. 진실 추구와 쓰라린 고립   123

    갈등과 결별 | 예배당 소송 문제 | 주일 성수 사건 | 교단 합동과 재분립 | 고신에서의 집필 활동

7\. 고난과 고독의 극복   149

    고독을 극복하며 | 고신을 떠나서 | 동산교회 목회와 개혁신학교

8\. 개혁주의 신학의 확산   155

    총회신학교에서 | 신학 교육 이념 | 부산 분교에서 | 한성교회 개척 | 총신대학교 은퇴 | 성경 주석 완간

9. 박윤선의 주석과 신학　170

　성경 주석과 저술 활동 | 성경관 | 성경주석과 칼빈주의 | 주석의 구조 | 주석의 설교와 예화 | 풍유적 해석 | 모형론과 풍유적 해석 | 바르트 비판 | 계시 의존 사색과 일반 은총

10. 교회 쇄신과 바른 신학 교육을 위한 마지막 헌신　220

　1960년대 중반 이후의 한국 교회 | 총신 사태와 박윤선 | 합동신학교 태동에 참여 | 교회 분열과 분립 | 합동신학교의 출범 | 박윤선과 화평교회 | 박윤선의 죽음

11. 맺음말　247

- 참고문헌　252
- 박윤선 연보　253

1. 예수의 부름 받은 늦깎이 고학생

서당에서

정암(正岩) 박윤선(朴允善)은 1905년 12월 11일 평안북도 철산군 백량면의 해변 마을 장평동에서 농업에 종사하는 아버지 박근수(朴根秀)와 어머니 김진신(金眞信) 사이에 난 2남 3녀 중 둘째 아들로 태어났다.

그가 태어난 때는 나라가 주권을 잃고 일본의 식민지로 전락해 가고 있던 때였다. 쇄국 정책으로 일관하던 조선 정부가 1876년 일본과의 수교 조약을 시발로 1882년 이후 외세에 문호를 개방하자 식민지 개척에 혈안이 된 열강들은 한반도에 서로가 자국의 세력을 펼치려고 하였다. 그 중에서도 한반도에 인접한 중국, 러시아, 일본은 치열하게 각축전을 벌이다가 드디어 무력을 동원함으로써 충돌하게 되었다. 일본과 중국, 일본과 러시아가 전쟁을 벌여 한반도는 졸지에 전쟁터가 되었다. 오래 전부터 우리나라를 빈번히 침략하여 괴롭혀 오던 일본이 청일전쟁(1894~1895)과 노일전쟁(1905)에서 이김으로써 경쟁 세력들을 물리치고 마침내 한반도를 독점 지배하게 되었다.

1905년 11월 대한제국은 일본의 강요에 굴복하여 을사조약을 맺음으로 말미암아 외교권을 박탈당하여 대외적으로 주권 국가로 인정을 받지 못하게 되었을 뿐 아니라, 1910년 한일 합방이 있기 이전에 이미 국내 행정을 위한 통치권마저 거의 행사할 수 없게 되었다.

한국을 위한 선교는 1870년대 중반부터 간도에서 성경 번역 사업과 함께 시작되었으나 선교사가 한반도에 들어와 선교 활동을 시작한 것은 1884/5년이었다. 그러므로 1905년은 첫 선교사들이 한반도에 들어와 선교 활동을 시작한 지 20년이 되던 해였다. 교회는 선교가 시작되고부터 약 10년이 지난 1895년부터 서서히 자라다가 1900년부터는 빠른 속도로 성장하기 시작하였다.

1893년 미국 북장로교와 남장로교, 호주 장로교, 캐나다 장로교 등 네 장로교의 선교회는 장로회 공의회를 조직하고 각기 선교할 지역을 분담하기로 하였다. 관서 지방은 미국 북장로교 선교회가, 호남 지방은 미국 남장로교 선교회가, 영남 지방은 호주 장로교 선교회가, 함경도는 캐나다 장로교 선교회가 각기 맡아 선교하기로 하는 한편, 한국에 하나의 장로교회를 세우기로 합의하고 선교를 추진하였다.

1901년 장로회 공의회는 평양에 장로교 신학교를 설립하기로 결정하고, 그 이듬해 1902년부터 학생들을 받아 개강하였다. 1905년에는 신학교에 이미 상당수의 목사 후보생들이 교육을 받고 있었다. 장로교회는 바야흐로 노회를 조직하여 자립적인 교회로 출범할 시기가 무르익고 있을 때 한국 교회는 영적 부흥을 경험하게 되었다.

1903년 원산에서 열린 몇 명의 감리교 선교사들의 모임에서 시작된 부흥은 교파를 초월하여 전국 각지로 확산되었다. 1906년에는 서울, 개성, 호남 지방에서 부흥이 있었으며, 1907년 1월 초 평양의 장대현장로교회에서 열린 집회에서 사람들로 하여금 회개하게 하시는 성령의 크신 역사로 말미암아 부흥은 그 절정을 이루었다. 부흥을 통하여 한국 교인들은 영적으로 그리고 도덕적으로 각성하게 되었다.

1893년부터 한국 교회의 제반사를 관할하던 장로교 공의회의 산파역으로 1907년 한국 장로교회의 독노회(獨老會)가 조직되었다. (독노회란 노회가 아직 하나밖에 없을 때의 단독 노회를 뜻하는 이름이다.) 독노회는 신학교를 갓 졸업한 7인을 안수하여 목사로 장립하였다. 독노회가 조직될 당시 노회 산하에 있는 7개의 지역회를 대리회(代理會)라고 하였다. 1912년 총회가 조직될 때 이 대리회는 모두 노회로 승격하였다.

개신교 선교가 시작된 후의 첫 10년간에는 신자의 증가율이 극히 미미하였다. 이 시기는 말하자면 선교사들이 선교를 위하여 지리적인 답사를 하고 한국 언어와 문화 및 역사를 공부하는 등 사전 준비를 하며 씨를 뿌리는 시기였다. 선교를 시작한 지 5년째인 1890년에 장로교와 감리교의 선교회에서 각각 11명의 선교사들이 한국에서 일하고 있었다. 이 해에 세례 교인 수는 장로교에 119명, 감리교에 36명, 모두 합하여 155명이었다. 그러다가 약 5년이 지난 1895년부터 교인 수가 불어나기 시작하였다. 이 해에 개신교의 세례 교인은 582명이었다. 그 이후 한국 교회는 급성장하게 되어 장로교의 경우 독노회가 조직된 1907년 9월에는 989개 처의 교회와 예배 처소에 1만 9천명의 세례 교인을 포함하여 교인수가 모두 7만명이었고, 장로가 53명이었다. 1910년에는 교인수가 모두 합하여 무려 16만 7천명에 달하였다.

박윤선의 가풍은 유교적이었다. 부친은 술을 마시지 않는 성실한 사람이었다. 그는 빈농이었으나 부지런히 농사일을 하여 중농으로 자수성가한 이였다. 부친은 이웃에 일이 있으면 자원하여 나서서 보수도 받지 않고 목공일을 하거나 도와주곤 했으며 자선도 많이 베푼 선량한 사람이었다. 그러나 기독교 신앙을 받아들이지는 않았다. 그는 기독교 신앙을 내내 거부하다가 세상을 떠났다. 모친 역시 기독교 신앙을 완강히 거부했으나 오랜 저항 끝에 드디어 받아들였다.

박윤선의 부친은 자신이 가난하여 배우지 못한 것을 한으로 여겨 한국의 여느 부모나 마찬가지로 자식에게는 교육을 받게 하려는 간절한 마음을 가지고 있었다. 그래서 그는 아홉 살 난 아들 윤선을 서당에 보내어 한학을 공부하게 했으며, 비록 재정적인 뒷바라지는 못했으나 아들이 계속 배움에 정진하도록 집을 떠나 공부하는 것을 허락하고 격려하였다. 부친은 1931년 박윤선이 숭실전문학교 재학 시절에 세상을 떠났다.

우리나라에 소위 신학문의 학교가 서기 이전에는 유학(儒學)의 서당(書堂)과 향교(鄕校)가 있었다. 서당은 초등학교에 해당하고, 향교는 중등학교에 해당하는 교육 기관이었다. 그리고 대학에 해당하는 기관이 바로 성균관(成均館)으로서 유일한 고등 교육 기관이었다. 서당은 1920년대까지 존속했다. 서당의 교육은 주로 천자문으로부터 시작하여 한문 고전들을 암송하는 것이었다.

박윤선은 저녁마다 벽을 향해 돌아앉아 암송하곤 하였다. 그는 암기력과 기억력이 비상하여 오경을 마치고 예기(禮記)와 주역(周易) 외에 사서삼경(四書三經)을 줄줄 외울 정도로 통달하였다. 논어(論語)와 맹자(孟子)는 그 주해까지 다 암송하였다. 그리고 한시를 짓는 데도 특별한 재능을 발휘하였다.

박윤선은 먼저 한학을 공부하면서 알게 된 동양 사상에 비하여 기독교 신학이 얼마나 놀라운 것인지를 나중에 신학을 공부하면서 깨닫게 되었다. 여하튼 박윤선에게 동양 사상에 대한 지식은 오늘의 한국 신학자들이 가지지 못한 큰 자산이었다. 그의 한학 지식은 자신의 성경 주석과 설교에 상당히 짙게 배어나고 있음을 발견한다.

박윤선은 서당에 다니던 시절부터 일하면서 공부하였다. 그는 서당에 다닐 때 여름에는 집에서 소를 키우는 일을 맡았다. 서당에서 집으로 돌아오는 즉시로 외양간으로 가서 메어 둔 소를 풀어 고삐를 잡고 풀밭으로 끌고 다니면서 풀을 먹였다. 그리고 여름 방학 때는 바닷가에 가서 낙지나 망둥이를 잡아 팔기도 하고 집에서 반찬으로 먹기도 하였다. 집안일을 도우면서 면학하는 생활은 초등학교를 거쳐 대학을 졸업할 때까지 계속되었다.

교회와 학교로

박윤선이 17세 되던 해였다. 그의 마을에는 아직 예배당이 없었다. 그는 어떤 계기에 마을에서 6km 떨어진 동문동에 있는 교회를 찾아가게 되었다. 교회에서 설교는 장로가 주로 맡아 했으며, 목사는 한 달에 한 번 꼴로 와서 예배를 인도하며 설교하였다. 당시는 설교자가 귀한 때였으므로 교역자 한 사람이 농촌 교회 서너 곳을 순회하면서 예배를 인도하는 것이 예사였다. 예배당 한 가운데는 휘장이 드리워져 남녀 석을 갈라놓고 있었다. 설교자는 남녀 양편을 다 볼 수 있으나 남자들과 여자들은 서로 볼 수 없게 되어 있었다. 어떤 곳에는 아예 휘장이 필요 없도록 r자로 지어 놓은 예배당도 있었다.

박윤선은 예배당에 처음 나가는 길이라 아직 믿음이 무엇인지 알지 못했으며 설교를 들어도 무슨 말인지 잘 이해가 되지 않았다. 그러면서도 그는 주일마다 먼 길을 걸어가 예배에 참석하였다. 아마도 인생의 공허감 때문에 신앙을 가져 보려고 그랬던 것이라고 그는 회고한다.[1]

1922년 박윤선이 18세가 되던 해에 대동초등학교에 입학하였다. 학교는 집에서 약 80리나 떨어진 곳에 있었다. 그는 6학년에 입학하여 초등학교 6년 과정을 1년 만에 마치고 최우등생으로 졸업하였다. 산수와 일본어는 그가 처음 배우는 것이었으나 열심히 공부하여 훌륭하게 습득하였다. 대동학교는 기독교 학교이므로 아침마다 채플이 있었으며, 성경 수업

---

[1] 박윤선, 『성경과 나의 생애』, 서울: 영음사, 1992, 36.

선천 대동소학교 졸업 기념(1923년)

도 있었다.

박윤선은 예배당에 다닌 지 한 일 년이 지났으나 기독교 신앙이 무엇인지 모르고 있다가 기독교 학교에 다니면서 신앙에 조금씩 눈을 뜨게 되었다. 게다가 독실한 신앙을 가진 선생님들을 만나 존경하게 되면서 신앙에 더욱 관심을 갖게 되었다. 그는 김인현, 김경두, 김의홍, 정영엽 등 네 분의 훌륭한 스승을 만난 것을 늘 감사하게 여겼다.

김인현과 김경두는 기미년 독립 만세 운동 때 옥고를 치른 애국자요, 독실한 기독신자였으며, 김의홍은 순교자이다. 그는 일제하에 신사 참배를 반대함으로 말미암아 많은 고초를 겪은 분인데, 해방 이후에는 공산당에게 핍박을 받아 죽임을 당하였다. 정영엽은 박윤선의 글짓기를 깊은 관심을 가지고 지도해 준 스승이었다.

혼인

박윤선은 겨울 방학 때 부모가 정해 준 규수 김애련과 백년가약을 맺었다. 신랑은 18세였고 신부는 15세였다. 그 시절엔 흔히 그랬듯이 두 사람은 서로의 얼굴을 한 번 보지도 못한 채 부모가 하라는 말씀에 무조건 순종하여 혼인하였다. 부인은 학교에 다닌 적은 없었으나 한글은 깨친 정도였다. 부인은 수줍어하는 전형적인 농촌 처녀여서 결혼하고도 한 동안 남편을 바로 처다보지 못하고 시선을 피하였다. 그 바람에 남편 역시 아내의 얼굴을 자세히 볼 수가 없었다.

회심

1923년 박윤선은 평안북도 정주(定州)에 있는 오산(五山)중학교 2학년에 월반 입학하여 다니다가 이듬해 선천에 있는 신성(信聖)중학교 3학년에 월반 전입하였다. 오산중학교는 남강 이승훈(李承熏)이 설립한 학교로서 주기철 등 신앙의 인물들과 많은 애국지사들을 배출한 학교였다. 신성중학교 역시 장로교 초대 목사 양전백(梁甸伯, 1870~1933)과 독지가들이 선교사들과 함께 세워 경영하는 기독교 학교였다.

박윤선이 신성중학교에 다닐 당시의 학교장은 김선두(金善斗, 1876~1949) 목사였다. 김선두 목사는 제8회 총회장으로 있을 당시 1919년 독립만세운동에 참여함으로 말미암아 양전백, 함태영, 길선주 목사들과 함께 1년간 옥고를 치른 이다. 박윤선은 김선두 목사가 그의 은인 중 한 분이라고 하며, 자기를 숭실전문학교에 진학하도록 밀어주었다고 한다.

신성중학교에 다닐 때 박윤선은 가정의 도움을 받지 못했으므로 학교에서 맡겨주는 대로 궂은일을 가리지 않고 다 하며 고학하였다. 방과 후에 젖소를 끌고 다니면서 풀을 먹이기도 하고, 우유 배달에다 밭에 김매는 일도 했으며, 때로는 뒷간 청소도 마다 않고 했다. 그러다가 선천 기독청년회(YMCA)에서 운영하는 무산 아동 교육 사업에 교사로 채용되어 매월 6원씩 받고 어린이들을 가르치면서 공부를 계속했다. 당시 기숙사에서 한 사람의 한 달 식비가 6원이 채 못 되었다.

박윤선은 월반 입학하여 3년 과정의 공부를 한꺼번에 다 해야 하는데다가 그렇게 고되게 일을 해야 했으므로 무척 힘이 들었으나 시간을 아끼며 열심히 공부하였다. 그는 특히 서당에서는 배워보지 못한 수학을 공부하느라 무던히 노력하였다. 그는 재능도 있었으나 그의 큰 자산은 무엇보다도 근면이었다. 그는 1학년부터 5학년까지의 영어교과서를 모두 다 물흐르듯 거침없이 내리 외우곤 하였다. 그토록 열심히 공부를 하려다 보니 그는 느긋하게 밥 먹을 시간도 없었다. 식사 시간까지 절약하느라 식당에서 늘 5분도 안 걸려 후닥닥 밥을 먹곤 하는 바람에 그는 '5분'이란 별명을 얻었다.

시간에 쫓기면서 공부에 열중하는 그의 이러한 생활은 그가 평생 동안 떨쳐버릴 수 없는 고질적인 생활 습관이 되었다. 박윤선은 성경 주석이나 자기가 하는 일에 골몰하노라면 주변에서 일어나는 일에는 무관심하기가 일쑤였다. 예를 들면, 숭실전문학교 시절에 식당에서 밥을 먹을 때도 손에서 책을 놓지 않았다. 사람들과 함께 식사를 나누면서도 생각에 골몰하느라 주변에서 무슨 일이 일어나는지 모른 채 밥 한 번 떠먹고는 국 또는 반찬을 한 가지씩만 계속 먹었다. 그는 혼자 골똘하게 생각하는 데서 오는 심한 건망증 때문에 사람들에게 웃음을 선사하는 많은 일화를 남겼다.

박윤선은 아내를 고향 집에 두고 학교에 혼자 가 있었으므로 방학 때가 되어야 집에 와서 아내를 볼 수 있었다. 아내는 오랜만에 남편을 보고도 주변 어른들의 눈치 때문에 옳게 반가운 기색을 하지도 못했다. 게다가 온 종일 농사일을 돕는 것이 남편이 보기에 안쓰러울 정도였다. 그러다보니 낮에는 남편 곁에 있을 수가 없었다. 그런 중에도 모처럼 아내와 정겹게 지낼 수 있으려니 하는데 아쉽게도 방학이 그냥 후딱 가버렸다. 다시 학교로 돌아가야 하는 박윤선의 발걸음은 무거웠다. 박윤선은 첫 아기의 출산 날이 다 되었는데도 개학이 되어 아내를 두고 떠났던 일이 내내 마음에 걸렸다.

부인은 남편이 떠나 있는 동안에 아기를 순산하여 잘 기르고 있었다. 그러나 돌이 채 되기도 전에 아기가 병이 들어 죽었다. 30리 밖에 있는 철산읍에 의원이 있었으나 아기를 일찌감치 데리고 가 보이지 못한 탓으로 아기가 죽게 된 것을 생각하면 못내 후회스러워 가슴이 저렸다. 박윤선은 아내와 아들을 잘 돌보지 못했다는 회오와 자책감으로 마음이 무거웠다.

신성중학교는 기독교 학교이므로 날마다 채플이 있었다. 박윤선은 예수를 잘 믿어보려는 생각에서 채플에 빠짐없이 참석하였다. 그리고 귀를 기울여 설교를 들었다. 선천 신성중학교에 다니는 동안 그는 주일마다 선천북교회에 출석하였다. 당시 그 교회 담임목사는 신성중학교 설립자의 한 사람인 양전백이었다. 박윤선은 거기서 학교를 졸업할 때까지 여러 해를 성경을 배우며 교회 생활을 했다. 그러는 동안에 그는 차츰 기독교 진리를 깨닫게 되었다.

믿음을 얻게 된 박윤선은 신앙 운동에도 열심히 참여하였다. 방학이면 학우들과 함께 전도대를 조직하고 대장의 직임을 맡아 지방을 순회하면서 전도 활동을 폈다. 그 일로 말미암아 그는 일본 경찰의 주목과 감시를 받았다. 한편, 가정에서는 부모님의 반대가 더 거세어졌다.

이 무렵 박윤선은 그의 생애에서 잊을 수 없는 신앙 체험을 하게 되었다. 어느 날 학교 가까이에 있는 시냇가를 혼자 산책하느라 거닐고 있을 때 문득 하나님의 존재에 대한 의심이 생겼다. "어떻게 보이지 않는 하나님을 믿을 수 있겠는가?" 하며 자문하였다. 그런데 이상하게도 바로 그 순간 그는 마음 속 깊은 곳에서 나오는 세미한 음성을 듣게 되었다.

"네 손에 들고 있는 성경이 하나님이 계신 증거이다."

하나님의 존재를 의심하는 그의 물음에 답하는 또렷한 음성이 그의 마음에 메아리쳤다. 그 순간 마치 안개가 걷히듯 의심은 사라졌다. 그 이후 그는 하나님이 계심을 확신하게 되었으며 의심하는 일이 없었다. 그것은 자신이 생각해도 참으로 놀라운 일이었다. 박윤선은 그 때까지 "성경은 하나님의 말씀"이란 말을 아무도 해 주지 않아서 들어보지 못했다고 회고한다. 그 날의 시냇가에서 내면의 음성을 들은 체험이 있었으므로 그는 확신하는 가운데 기도에 힘쓰면서 성경을 주석하는 일에 온 정력을 쏟아 붓고 하나님의 말씀을 설교하고 가르치는 삶을 위하여 정진하였다.

박윤선은 신성중학교 졸업을 앞두고 아내도 교육을 받게 해야 하겠다는 결심을 하게 되었다. 그는 즉시 그 생각을 실천에 옮겼다. 어느 몹시 추운 겨울날 그는 선천에서 고향까지 팔십 리 길을 걸어가 집에서 며칠 쉬고는 아내를 데리고 선천 읍으로 돌아왔다. 어른들이 며느리가 집을 떠나는 것을 탐탁하지 않게 여기므로 박윤선은 드디어 일을 저질렀다. 밤에 어른들이 다 잠이 든 틈에 몰래 아내를 업고 집을 빠져나왔다. 얼마나 용감하고도 로맨틱한 결행인가.

선천에서 그는 생활비가 부족하지만 단칸방에 세 들어 지내면서 아내에게 글을 가르쳤다. 얼마 후 그는 아내의 이름을 영선(英善)이라고 개명해 주고는 아내를 선천 보성여학교에 입학하게 하였다. 박윤선은 이제 자신과 아내 두 사람 몫의 학비와 생활비를 벌어야 하므로 더 부지런히 일하지 않으면 안 되었다. 그는 숭실전문학교를 다닐 때에도 내내 고학을 계속하였다. 부인은 마침내 4년간 보성여학교에서 무사히 공부를 마치고 졸업하였다.

남존여비 사상이 아직 강한 시절에, 게다가 자신도 고학하면서 겨우 학업을 꾸려가는 마당에 아내도 함께 공부하도록 해야 하겠다고 생각한 발상도 가상하지만, 그런 생각을 즉시 실천으로 옮긴 용기 있는 그의 결단은 실로 대견하고 갸륵한 것이다. 박윤선은 늦게야 공부를 시작했으나 자신이 공부하는 것을 참으로 즐겼으므로 아내와 그 즐거움을 함께 나누고 싶어서도 그랬을 것이다. 많은 사람들이 그를 공부와 일밖에 모르는 사람으로 알고 있으나 어려운 가운데서도 아내를 공부하게 한 일은 아내를 아끼고 사랑하며 존중하는 그의 인품을 엿보게 하는 그런 대목이다.

사실 박윤선은 평소에 제자들에게는 물론이고 심지어 처음 만나는 사람에게도 자상한 관심과 따뜻함을 보여 주어 사람들의 마음을 뭉클하게 하는 사람이었다. 제자의 설교를 열심히 듣고는 은혜로운 설교였다고 가식 없이 칭찬하기도 하고, 처음 만나 서먹해 하는 유학생의 어깨를 껴안으며 공부하느라고 얼마나 수고가 많냐고 위로의 말씀을 건네기도 하는 이였다.[2] 학교 식당에서 아마도 자기를 기억 못할 것이라는 생각에서 그를 대하기 어려워하는 방문자에게 도시락으로 싸온 두 조각의 샌드위치 중 하나를 사양하는데도 기어이 먹으라고 주는 다정다감한 사람이었다.

박윤선이 다정다감한 사람이었다는 평가를 그의 자녀들이 듣는다면 아버지에 대하여 어쩌면 더 서운하게 여길지도 모른다. 그의 자녀들이 아버지의 사랑을 갈구한 나머지 아버지에 대한 불만이 많았다는 사실과 그것이 박윤선의 삶에서 가

---

[2] 서영일, 『박윤선의 개혁신학 연구』, 장동민 옮김, 한국기독교역사연구소 2000, 12.

장 취약한 부분이었으며 그가 고민했던 부분이었음은 이미 알려진 사실이기에 하는 말이다. 비록 그는 다정다감한 사람이었으나 그가 맡은 일이 너무나 과다하고 막중한데다가 일에 대한 그의 열정이 너무나 뜨거웠으므로 아버지의 사랑을 갈망하는 자녀들의 당연한 욕구를 충족시킬 수가 없었다.

박윤선 자신도 자녀들과의 소원한 관계 때문에 괴로워했으며 언젠가 성인이 된 자녀들에게 자신이 그들에게 소홀했던 사실을 시인하고 용서와 양해를 구하기도 했다. 자녀에 대한 부모의 사랑, 특히 아버지의 사랑은 그가 자녀들과 함께하는 시간이 얼마나 많으냐에 따라 인정을 받기 마련이다. 적어도 자녀들에게는 그렇다. 아버지의 사랑은 자녀들이 그냥 감지하는 것이지 이성적으로 인지하는 것이 아니기 때문이다. 아버지가 자녀들과 함께 놀아주고 대화하며 시간을 함께 나누는 것, 그밖에 달리 사랑을 주고받으며 서로의 사랑을 확인할 수 있는 길은 없다.

박윤선이 자녀들과 시간을 함께하지 못한 채로 보낸 그 많은 세월을 되돌릴 수 없듯이, 서로가 사랑을 나누지 못하므로 채우지 못한 공백을 달리 메울 길이 없었다. 그의 자녀들은 모두 아버지를 이해할 정도로 성숙한 사회인으로 살고 있으며 누구나 마찬가지로 고인이 된 아버지를 사랑하는 마음으로 그리워하는 이들이다. 박윤선을 존경하고 그의 글뿐 아니라 그의 말과 실천을 통하여 가르침을 받고 그의 업적을 기리는 후학들은, 특히 그의 다정다감함에 가슴이 뭉클함을 느낀 제자들은 스승의 자녀들의 희생이 그만큼 컸음을 기억하고 마음으로 그들에게 감사하며 위로하는 마음을 가져야 할 것이다.

전도자로 부름 받아

박윤선은 1927년 23세의 나이로 신성중학교를 졸업하고 평양 숭실전문학교에 입학하였다. 숭실전문학교는 1906년에 설립되었으며, 1907년부터는 장로교와 감리교 양교파가 공동으로 경영하다가 1913년에 운영 체제를 바꾸어 그 때부터 장로교 선교회와 나중에는 장로교 총회가 단독으로 경영하였다.3)

숭실전문학교는 처음부터 목회자 지망생들을 많이 배출하기로 목표를 설정한 학교였다. 그것이 설립자 배위량(William M. Baird)의 이념이었다. 즉, 미션 스쿨의 목표는 일반 대중을 교육하기보다는 교회를 위하여 봉사하는 인재를 양성하는 데 두어야 한다는 것이 그의 생각이었다. 이러한 생각은 연희전

---

3) 『조선예수교장로회사기』 하, 50.

평양 숭전 시절(1928)

문을 설립하고 경영한 언더우드의 이념과는 달랐다. 언더우드에게 기독교 대학의 목적은 문화 창달을 위하고 기독교 정신으로 사회에 봉사할 지도적인 인재를 양성하는 것이었다.

1920년 장로교 총회는 기독교 종합대학교를 설립하기로 가결했으나 일제 총독부의 재가를 얻지 못하여 그 계획은 무산되었다. 그 후 총회는 다시금 이미 설립되어 있는 전문학교, 즉 평양의 숭실전문과 서울의 연희전문 및 세브란스 의전(醫專)을 통합하여 종합대학교를 세우려고 하였다. 그러나 이러한 계획 역시 총독부의 식민지 교육 정책으로 말미암아 좌절되고 말았다.[4] 숭실과 연희는 두 전문학교를 통합하려는 총회의 의도와는 상관없이 설립 당시의 이념을 따라 각기 다소 특색 있게 발전하고 있었다.

박윤선은 전문학교 시절에도 여전히 고학을 계속하지 않으면 안 되었다. 거의 날마다 식사는 보리밥에 고추장을 곁들여

---

4) 김광수, 『한국기독교확장사』, 서울: 기독교문사, 1976, 228.

먹는 것으로 때웠다. 그는 처음 몇 달 동안 청심환을 팔아 생활비를 벌었다. 평양 시내의 큰 집들을 찾아다니며 청심환을 팔았다. 그러다가 당시 숭실전문학교 학장으로 있던 모의리(牟義理, E. M. Mowry) 선교사의 소개로 평양 철도 호텔에서 종업원들에게 영어 회화를 가르치는 강사 자리를 얻었다. 모의리 선교사는 박윤선에게 각별한 관심을 가지고 영어 발음도 고쳐 주며 지도하는 한편, 좋은 아르바이트 자리도 알선해 준 것이다.

호텔 종업원들에게 영어를 가르치러 간 첫날 그는 종업원들을 만나보고는 약간 당황하였다. 종업원들이 자기보다 영어를 훨씬 잘 한다는 생각이 들었기 때문이다. 그들은 늘 외국 손님을 접하므로 회화는 당연히 영어과 학생보다 더 유창하게 잘 했으리라는 것은 짐작이 가는 일이다. 박윤선은 자기가 어떻게 그들을 가르칠 수 있을까 하며 난감한 생각이 들어 겁이 나기도 했다. 그러나 그는 두려움을 기도함으로써 극복하였다. 그는 매일같이 밤이 깊어지면 서문밖예배당으로 가서 강단 옆에 있는 작은 방에 들어가 기도하였다.

그러면서 그는 주님의 도우심을 체험하게 되었다. 호텔 종업원들을 가르칠 때면 이상하게 말이 술술 잘 나오고 영어 단어도 척척 기억이 나서 자연스럽게 지도할 수 있었다. 박윤선은 그렇게 하나님의 기적을 체험했다고 간증한다. 호텔에서는 강사료를 후하게 지불해 주었다. 그가 받은 급료는 중학교 교사의 월급에 해당하는 액수의 돈이었다.

그는 하나님의 은혜로 숭실에서 4년간 공부하는 동안 계속 이 좋은 일자리를 지킬 수 있었다. 그래서 영어 공부도 잘 할 수 있었다.[5] 그의 영어 실력은 향상되어 방학 때면 교수들의 영어 성경 주석을 빌려 읽곤 하였다. 그러면서 성경 연구의 즐거움을 맛보게 되었으며 성경 주석 학자로서의 자질을 다듬어 갔다.

기도하기를 좋아하고 나중에 기도의 사람으로 알려지게 된 박윤선은 학교 친구들과 어울려 함께 모란봉 산기슭까지 한 시간 거리를 걸어가서 기도하곤 하였다. 그의 그룹은 '조기부대'(早起部隊)라는 별명을 얻었다. 조기부대란 아침에 일찍 일어나 서둘러 기도하러 가는 그룹이란 뜻에서 붙여진 별명이었다. 이유택, 김철훈, 방지일, 김진홍 등이 박윤선과 함께 이 그룹에 속한 부대원들이었다.

박윤선은 조기부대 동지들과 함께 김린서 장로의 집에 가서 기도회에 참석하기도 했으며 때로는 성경을 강해해 달라는 부탁을 받고 그 일을 감당하기도 했다. 김린서 장로는 단독으로 「신앙생활」 잡지를 출간하면서 진리를 파수하며 교회

---

5) 박윤선, 『성경과 나의 생애』, 45이하.

의 세속화를 막기 위하여 투쟁하고 있던 특출한 지도자였다고 박윤선은 회상한다.

박윤선과 조기부대 동지들은 방학 때면 전도대를 조직하여 전도 여행을 떠나기도 했다. 숭실 전도대는 국경을 넘어 만주 지역에도 갔다.

1929년 4월부터 1931년 4월까지 방학 때마다 박윤선은 만주 지역으로 가는 전도대에 참가하였다. 간도는 옛날부터 한인들이 살아온 곳이며 한반도 선교가 시작되기 이전에, 즉 1870년대 중반부터 로스와 맥킨타이어가 이응찬, 김진기, 이성하, 백홍준, 서상륜 등 한국 청년들과 함께 성경을 한국어로 번역하는 하는 한편, 전도 운동도 활발히 벌이던 곳이다. 1884/5년 한반도에 선교가 시작된 이후부터는 한반도에서 이주해 간 주민들이 교회를 개척하여 교포 교회들이 서게 되었다. 한일 합방 이후에는 많은 동포들이 망국의 한을 안고 이주하여 살아온 땅이며, 독립군이 활동한 곳이다.

한번은 전도대가 만주에 갔을 때 정재윤 교수가 그들과 동행하였다. 박윤선은 이 일을 아주 자랑스럽게 여겼다. 정재윤 교수는 교회 장로요, 조만식 선생의 사위 되는 사람으로 신앙심이 두터운 애국자였으며, 진실하고 온유하며 아주 정의로운 인격의 소유자였다고 박윤선은 회고한다.[6]

간도의 동포들은 대다수가 논을 개간하여 주로 농업에 종사하며 살았다. 그들이 간절히 바라는 것은 조국의 독립이었다. 박윤선을 포함한 전도대원들은 동포들이 조국의 독립을 바라고 활동하는 것을 존중하였다. 그러면서도 자신들은 복음 사역을 위하여 사는 것이 각자가 맡은 사명이라고 생각하며 그들에게 복음을 전하는 일에 열심을 다하였다.

전도대원들이 교회를 찾아가면 교회에서는 으레 그들에게 설교해 달라고 부탁하였다. 아직 신학 훈련을 받지 못한 대학생들이었으므로 성경 해석을 제대로 하지 못할 것이 분명한데도 불구하고 그런 사실에 개의치 않고 그들을 강단에 세웠다. 멀리서 온 손님을 대접하느라 그랬겠지만, 당시 교회를 인도하는 이들의 성경 지식이 아직 미숙한 단계에 있었으므로 전문학교 학생이면, 특히 기독교 학교인 숭실전문학교 학생이면 설교도 할 수 있는 자격을 갖춘 이로 인정해서였다. 성경 주석도 별로 없고 우리말로 된 신학 서적도 거의 없는 때였으므로 웬만하면 설교하게 하였다.

박윤선은 숭실전문 4년 동안 순회 전도와 기도 생활에 힘쓰는 한편 모란봉 너머에 있는 가현교회에서 설교하고 심방하면서 목회하였다. 아직 신학생은 아니었으나 사람들이 그의 목회를 통하여 예수 그리스도를 영접하기도 하고 교회의 직

---

6) 같은 책, 47

분자로 성장하기도 하였다. 그는 무보수로 봉사했으나 많은 것을 깨닫고 배울 수 있었으므로 신학을 하고자 하는 그에게는 귀한 훈련이요, 경험이었다.

숭전 시절 말씀 봉사

당시 그의 설교는 성경을 옳게 해석하여 하는 설교이기보다는 그냥 열정을 다하여서 하는 설교였다. 그런 가운데서도 그는 자유주의 신앙을 배척하는 성경관은 확고히 가졌다고 회고한다. 숭실의 어느 선배가 '성령의 불'을 해석하면서 그것은 '신자의 열심'을 의미한다고 말하는가 하면, 또 어떤 설교자는 '영생'은 이 세상에서 사람이 자자손손 대를 이어감을 뜻하는 것이라고 해석하였다. 박윤선은 물론 이런 해석을 받아들일 수가 없었다.

설교자들이 성경 말씀을 이런 식으로 해석한 것으로 보면 이미 그 시절에 한국 교회에서는 설교자들 가운데 자유주의 또는 인본주의 사상이 침투하고 있었음이 분명하다고 박윤선은 말한다. 한국에 자유주의 신학이 만연하기 시작한 것이 1920년대 중반 경부터이므로 맞는 이야기다.

자유주의 신학은 캐나다 선교사 윌리암 스콧트(William Scott)와 김관식(金觀植) 및 조희염(曺喜炎) 등이 1926년 함

1. 예수의 부름 받은 늦깎이 고학생 33

경도 지역 교역자 수양회에서 '새로운 신학'을 소개함으로 말미암아 만연하기 시작하였다. 그들은 성경 전체를 하나님의 말씀으로 믿는 것은 큰 잘못이라고 하며, 성경에는 하나님의 말씀 아닌 것도 포함되어 있다고 하고, 문학적 오류는 물론이요, 다수의 역사적 오류와 과학적 오류도 포함되어 있다고 가르쳤다.

그런데 박윤선이 예로 든 설교자들의 그런 성경 해석은 성경과 신학에 대한 체계 있는 지식을 갖추지 못한 가운데 임의로 시도한 토착적인 해석이었다고도 볼 수 있다. 다시 말하면, 성경과 신학에 대한 올바른 이해와 체계 있는 지식을 갖지 못하면, 자유주의 신학의 체계 있는 학습을 통하지 않고도 유교 혹은 불교 등 한국의 재래 종교와 문화의 배경에서 얼마든지 자유주의적인 성경 해석을 할 수 있다는 얘기다.

박윤선은 당시에 성경을 성경신학적으로 풀이하는 설교를 들어보기 어려웠다고 한다. 길선주 목사만 하더라도 사경회 인도자라기보다는 부흥사였다고 평가한다. 숭실전문학교에서는 교과 과정에 성경 과목이 있었으나 별로 내용 분석이나 강해를 하는 일도 없이 성경을 그냥 한 번 죽 읽어 내려가는 정도로 마쳤다고 한다. 편하설(C. F. Bernheisel)의 시편 강의나 함일돈(F. E. Hamilton)의 로마서 강의를 수강했으나 역시 마찬가지였다. 박윤선은 당시는 기독교 신앙의 계몽기였으므로 그럴 수밖에 없었다고 이해한다.

1931년 3월 박윤선은 숭실전문학교를 졸업하고 그 해 4월 평양신학교에 입학하였다. 평양신학교는 1901년 장로회 공의회가 교회를 목회하고 노회를 이끌어갈 설교자 양성을 위하여 교육 기관을 세우기로 결정함으로 말미암아 설립되었다. 장로회 공의회는 신학교에서 배출되는 졸업생들이 목사로 장립을 받게 되면 조선 장로교를 자립적으로 이끌어갈 노회를 그 때 조직하기로 작정하고 그 방침을 정할 위원을 선정하였다. 그리고 장로회 헌법을 번역할 위원을 선정하는 한편, 평양에 신학교를 이끌어 갈 교장으로 마포삼열(Samuel A. Moffett, 1864~1939) 선교사를 선임하였다. 1902년 장로 두 사람을 학생으로 받아 강의함으로써 학교를 시작하여 1907년 7인의 첫 졸업생을 배출하였다.

박윤선이 1931년 평양신학교에 입학할 당시 교수진으로는 선교사 5명에다 한인 교수가 3명이었다. 교장 나부열(S. L. Roberts)은 성경 해석을 가르쳤고, 마포삼열은 요리 문답을, 이눌서(W. D. Reynolds)는 조직 신학을, 업아력(A. F. F. Robb)은 교회사를, 곽안련(Charles A. Clark)은 설교학, 목회학, 종교 교육 등 실천 신학을 가르쳤으며, 왕길지(王吉志, E. Engel)는 헬라어와 히브리어를 가르쳤다. 교수하는 선교사들은 하나같이 관대하고 인품이 훌륭한 이들이었다.

신약을 가르친 남궁혁(南宮赫) 박사는 한국인으로는 제일 먼저 교수가 된 이로 화평을 도모하는 훌륭한 인격의 소유자였다. 하기는 나머지 두 교수도 훌륭한 인격자들이었다. 이성휘(李聖徽) 박사는 구약을, 박형룡(朴亨龍, 1897~1978) 박사는 변증학을 가르쳤다. 학생들은 박형룡 박사의 보수적인 신앙과 중후한 인격에 감화를 받았다. 남궁혁 박사는 6·25 때 인민군에게 북으로 납치되어 갔으며, 이성휘 박사는 이북에서 공산당의 박해 아래 순교하였다.[7]

박윤선이 신학교에 입학할 때만 하더라도 대학을 나와서 신학교에 온 학생은 그렇게 흔하지 않았다. 그런데다가 박윤선은 이미 숭실에서 뛰어난 학생으로 알려져 있었으므로 신학교 교수들은 물론 학생들도 그의 입학을 환영하였다. 숭실전문학교는 신학 교육을 위한 예비학교로서도 그 역할을 충실히 다하고 있어서 신학 교수들은 앞으로 신학을 지망하는 학생들의 신원과 자질이며 동태를 잘 파악하고 있었다.

박윤선은 신학교 시절에도 여름 방학이 되면 전도대에 참가하였다. 그럴 때면 특별히 성령의 도우심을 구하느라 더욱더 간절히 기도하였다. 버스나 자동차가 별로 다니지 않던 시절이었으므로 교회를 순방하자면 으레 8~9km 정도의 거리

---

7) 박윤선, 『성경과 나의 생애』, 55.

는 걸어가는 것이 예사였다. 전도대가 도착하면 교회 교역자는 여기저기로 자기가 순회 목회하는 여러 마을에 있는 예배처소로 안내하였다. 전도대원들은 여러 마을로 순방하면서 예배하러 나오는 교인들이 성경 말씀에는 아주 무지함을 발견하였다. 목회자의 설교를 한 달에 겨우 한 번 꼴로 듣는 교인들이다 보니 그럴 수밖에 없었다.

농촌 교회를 순방하여 설교할 때면 박윤선은 그 전날 하루 종일 금식하곤 하였다. 사람을 회심하게 하는 일은 지혜로운 말로 되는 것이 아니고 사람의 마음을 움직이시는 성령의 능력으로 되는 것임을 전도를 통하여 체험했기 때문이었다.

당시 평양신학교에서는 학생들에게 3년간 공부하는 동안 신구약 성경을 적어도 한 번은 통독하도록 하였으며, 한 학기 혹은 한 해를 휴학하고 교회를 목회하며 섬기도록 권장하였다. 재학 중에 요즘 말로 '인턴십'을 하도록 장려하였다. 학생들 중에는 목회 수업을 하느라 5년 내지 7년이나 걸려 졸업하는 학생들도 있었다. 신학교가 1919년까지는 한 해에 3개월씩 겨울철 농한기에 강의를 개설하여 5년 과정으로 졸업하게 하게 되어 있었으나 1920년부터 2학기 3년제로 바뀌었다.

신학은 교실에서나 책상머리에서 배울 수 있는 학문이 아니고 경건 생활을 통하여, 즉 사람들에게 말씀을 전하고 교회를 목회하는 가운데서 옳게 배울 수 있으므로 실천을 우선으로 해야 하는 학문임을 학생들은 '인턴십'을 통하여 더 깊이 터득하였다.

하나님의 말씀은 하나님께서 사람들로 하여금 그 말씀을 듣고 순종하며 살라고 주신 것이므로 실천의 삶이 따라야 말씀을 옳게 이해할 수 있게 마련이다. 그리고 말씀은 하나님께서 말씀을 기록한 선지자들에게 그냥 깨달아 알라고 주신 것이 아니고 처음부터 백성들에게 전하도록 주신 것이다.

그러므로 신학을 하는 사람은 책상에서 공부만 해서는 안 되고 말씀을 전하는 일을 동시에 해야 한다. 신학을 하는 사람은 말씀 전파와 목회를 통하여 말씀이 어떻게 능력을 발휘하는지, 어떻게 사람들을 회개케 하고 변화시키는지를 경험할 수 있다. 또한 목회하면서 신학 공부를 하면 가르침을 더 쉽게 이해할 수 있게 되고 더 흥미도 갖게 되므로 학습열도 높아지게 마련이다.

신학에서는 경건과 학문이 불가분의 것임을 박윤선은 일찍부터 깨달았다. 그래서 그는 평생 말씀을 연구하고 설교하였으며, 설교할 때 성령께서 사람들의 마음을 감동하여 여시고 말씀하시도록 간구하며 기도하는 일에 힘을 쏟았다. 그는 후학들에게 이를 말로써 강조할 뿐 아니라 몸소 실천함으로써 가르쳤다.

박윤선은 후에 신학교 교수들에게 목회 경험은 필수적인

것이라고 누누이 역설하였다. 그것이 원리이므로 그렇게 말했을 뿐 아니라, 자신이 경험을 통하여 그것이 유익함을 체득했기 때문에 그 점을 더욱 강조하였다.

"그 경험은 금보다 귀한 것이었습니다. 신학교 교수들은 목회자의 심정을 가지고 학생들을 가르쳐야 한다고 나는 믿습니다. 실제로 목장에서 무슨 일이 일어나는지 모르는 교수가 어떻게 목회자를 양성해낼 수 있겠습니까? 나는 이 확신을 가지고 후에 신학교에서 가르칠 때에도 교회를 담임하였습니다."[8]

박윤선이 그의 생애에서 마지막으로 봉사한 학교가 수원에 있는 합동신학교이다. 이 학교에서는 교수 요건으로 3년 이상의 목회 경력을 갖추어야 한다는 원칙을 고수하고 있다.

박윤선은 자신의 사역을 소개할 때 늘 세 가지 일에 종사한다고 하였다. 즉, 신학 교육, 주석 집필, 그리고 목회 사역이라고 하였다. 그가 78세 때 가진 인터뷰에서도 이를 재확인하였다.

"나의 일생 동안 나는 세 가지를 좋아하였습니다. 신

---

[8] 최미희, 『박윤선 목사의 생애와 사상』, 서영일, 앞의 책, 76에서 재인용.

학 교육, 주석 집필, 그리고 설교입니다. 나는 이 세 가지에 나의 생애를 완전히 바쳤습니다. 나는 이것들을 위한 특별한 열심을 가지고 있습니다. 이것이 내 마음속에 깊이 새겨져 있습니다."[9]

신학은 하나님의 계시의 말씀을 연구하는 학문이다. 그러나 신학은 끝없이 진리를 탐구하는 철학과는 달리 신학 연구 자체를 위해 있는 학문은 아니다. 성경 말씀은 하나님께서 신학자나 설교자 자신을 위해 주시는 것이 아니고 그리스도로 말미암아 구원에 참여하는 하나님의 백성에게, 즉 교회에게 주시는 말씀이므로, 말씀을 받아 깨닫는 자는 그 말씀을 하나님의 백성에게 전달해야 한다. 말씀 전달은 말씀을 연구하는 신학의 속성이다. 신학은 설교로 표출되어야 하므로 설교가 곧 신학이요, 따라서 신학은 설교로 환원될 수 있어야 한다.

신학과 설교의 다른 점은 신학은 지성에 호소하는 반면에 설교는 사람들의 마음에 호소한다는 점이다. 사람들의 마음을 움직여 회개하고 회심하게 하며, 구원의 기쁨을 얻게 하고, 주를 위하여 헌신하게 하는 설교가 결여된 신학은 옳은 신학일 수가 없다. 그리고 설교를 듣고 청종하는 신앙인의 공동체, 즉 교회에 무관심한 신학은 신학일 수 없다. 성경 말씀을 하

---

9) 같은 곳.

나님의 살아 일하시는 말씀으로 인식할 수 있는 장(場)은 신학 연구실이나 강의실이 아니고 목회 현장이다.

그러므로 평생 동안 성경을 연구하고 신학 교육에 종사할 뿐 아니라, 쉼 없이 기도하고 설교하며 목회한 박윤선은 성경 말씀을 늘 성령께서 살아 일하시는 말씀으로 체험하면서 산, 다시 말하면 옳게 신학하면서 산 복 있는 신학자였다.

박윤선이 평양신학교에 재학할 당시 학생 수는 백 명 내외였다. 학생들은 거의 전원이 기숙사 생활을 했으며 좋은 분위기 가운데서 학생들과 교수 모두가 친밀하게 지냈다. 그러나 학교의 교칙은 엄했다. 누구든지 한 두 시간이라도 결석할 경우에는 교장의 허락을 받아야만 했다. 학생들은 학교의 규율을 잘 지켰다. 학생들은 새벽 기도에 힘썼으며 기회를 얻는 대로 목회하는 일에 힘썼다.

한국에서는 신학생들이 1950년대까지는 거의가 다 공부하면서 목회하였다. 아니 공부하면서 목회를 했다고 하기보다는 목회하면서 공부했다고 해야 더 알맞은 표현일 것이다. 오늘에도 한국의 신학교들이 공부하면서 목회하고 목회하면서 공부하는 전통을 따라 거의 다 화요일부터 금요일까지 수업을 하고 있다. 영국이나 미국 또는 유럽의 신학교와는 다른 수업 운영이다.

박윤선은 전문학교 시절부터 돌보던 모란봉 너머에 있는 가

평양 장로회신학교 졸업기념(1934년)

현교회를 전도사로 시무하면서 심방과 설교에 온 힘을 쏟아 섬겼다. 그는 아래와 같이 회고한다.

"그 때의 열심은 나의 생에 있어서 가장 열렬했던 것 같다. 나의 생활 형편은 역시 어려웠지만, 그 때도 기도 생활에 열중했기 때문에 생활 문제를 염려하지 않고 기쁨으로 지낼 수 있었다.10)

그는 학생으로 공부하면서 목회하는 한편, 학우 김진홍, 방지일과 함께 기독교 잡지「겨자씨」를 출간하여 문서 운동을 하였다. 김진홍은 한 때 부산 고려신학교와 서울의 개혁신학원에서 구약을 가르치며 함께 동료 교수로 일했으며, 방지일은 중국 산동성에서 선교하다가 해방 이후 귀국하여 영등포에서 오래 목회한 목회자요 잘 알려진 기독교계 지도자이다. 두 사람이 다 박윤선과 평생 우정을 나눈 각별한 친구요, 신앙의 동지였다. 박윤선은「겨자씨」에 글을 쓰는 한편, 김린서 장로가 편집 발행하는「신앙생활」에도 기고하였다.

---

10) 박윤선,『성경과 나의 생애』, 59.

방지일, 박윤선, 김진홍(1973년)

「겨자씨」1934년 2월호부터 10월호에 박윤선은 시론(時論)으로 "삼대우상"(三大偶像), 성경 주해로 "빌립보인서연구", "누가 6장 46절", 시편연구 3회, 신앙 수상(隨想)으로 "신앙학생", "사랑할 것과 미워할 것" 그리고 로마서 8:35-38을 본문으로 한 "勝又勝"(이기고 또 이김)이란 제목의 설교를 싣고 있으며, 거의 같은 시기에 「신앙생활」에는 "성경원어연구" 7회, 설교를 3회 기고하고 있다.[11]

하지만 박윤선의 신앙이 이와 같이 자라고 깊어지는 것이 그의 부모에게는 전혀 달갑지 않은 일이었다.

---

11) 박용규, "한국 교회와 정암 박윤선 박사의 역사적 의의", 『죽산 박형룡과 정암 박윤선』, (수원: 합동신학대학원출판부, 2005), 101 이하.

2. 미국 유학에서 거둔 소득

유학길에 오르다

1934년 3월 박윤선은 신학교 3년 과정을 마치고 졸업하였다. 그해 8월에 그는 나부열 교장의 추천으로 미국 웨스트민스터신학교로 유학길에 올랐다. 1934년 「겨자씨」 8, 9월호에는 함께 일하던 동료들이 미국 유학을 떠나는 박윤선을 큰 기대를 가지고 축복하고 있다. 오늘의 한글로 고쳐서 소개한다.

"사우 박윤선 군을 보냄
독자 제현은 신앙의 동모 박윤선 군을 잘 알고 또 사랑하고 있다. 군은 8월 중순에 멀리 미국 필라델피아 주 웨스트민스터 신학을 목적하고 떠나게 된다. 군은 일찍이 평북 철산에서 한문에 많은 수양을 받고 17세에 비로소 세계 취향에 각오한 바 있어서 분연히 구벽을 탈출하여 선천 소학, 선천 신성, 평양 숭전을 거쳐 금춘에 평양신학까지 마치고 다시 미주까지 떠나게 된 것이다. 여기에 이르기까지의 군의 노력과 신념은 실로 탄복하지 않을 수 없다. 누구를 의뢰하는 바 없고 다만 자기의 힘으로 자기의 운명을 개척한 것이다. 군의 특장은 어학이다. 금번의 길도 성경원어(히브리, 헬라)를 연구하려고 세계적인 권위인 메이천(G. Machen) 박사를 찾아 가는 것이다. 실로 장래에 기대하는 바 적지 않다. 끝으로 제현들과 함께 두 손을 들어 군의 건강과 평안을 빌며 목적한 학업에 대성이 있어 돌아오기를 기원하는 바이다.

1934년 7월 7일[12]

박형룡은 박윤선을 일찍부터 신학 교수가 될 사람으로 지목하고 특별한 관심을 기울였으며, 미국으로 가서 유학하도록 웨스트민스터신학교에 추천하였다.

죽산(竹山) 박형룡과 정암(正岩) 박윤선 두 사람은 보수적인 신앙을 가진 신학자로서 오랜 격변의 세월을 사는 동안 한국 교회를 위하여 각자가 맡은 분야에서 불후의 업적을 남겼다. 수많은 목회자들을 양성하는 한편, 박형룡은 방대한 조직신학 저서를 남겼고, 박윤선은 신, 구약 성경 전부를 주해한

---

12) 같은 책, 104.

주석서를 남겼다. 두 사람은 한국 교회의 신학을 든든한 초석 위에 올려놓기 위하여 제각기 맡은 자리에서 일했으나 또한 많은 세월을 한 신학교에서 자리를 같이하며 신학 교육에 종사하기도 하였다.

박윤선을 태운 배는 일본 고베(神戶)를 떠나 미국 샌프란시스코까지 가는 데 꼬박 17일이 걸렸다. 박윤선은 배에서 요한계시록을 암송하기로 하여 18장까지 외웠다. 매일 한 장씩 외운 셈이었다. 그리고 나머지는 웨스트민스터신학교에 가서 마저 외웠다. 새벽에 기도할 때면 그는 먼저 요한계시록을 한 번 암송하고 나서 기도를 시작하곤 했다. 박윤선이 요한계시록을 암송한 일과 그가 쓴 전질의 주석서 가운데 요한계시록 주석을 제일 먼저 내놓은 것은 당시 일제 박해 하에서 한국 교회가 가졌던 신앙 형태를 잘 대변하는 일이기도 하다.

요한계시록은 한국 교회 초기부터 1950년대까지 많은 설교자들이 부흥 사경회에서 마치 교과서처럼 사용한 책이다. 고난 가운데 사는 한국 백성들에게 종말 신앙의 교리와 설교가 호소력을 가졌기 때문이었다. 길선주(吉善宙, 1869~1935) 목사는 요한계시록을 만 번 읽었다고 하며 가는 곳마다 요한계시록으로 집회를 인도한 것으로 유명하다. 박윤선 역시 이러한 시대적 분위기에서 살았으므로 그러한 정서와 신앙을 갖게 된 것이다.

박윤선은 이미 신성중학교 때 교내에서 며칠간 열린 사경회에서 길선주 목사의 요한계시록 강해를 들었다. 길선주 목사의 요한계시록 해석은 세대주의적이었으나 그 당시는 그런 줄 몰랐다고 한다. 그럼에도 불구하고, 요한계시록에는 무엇인지 깊고 좋은 내용이 있을 터인데 강사 목사가 책의 깊은 뜻을 제대로 나타내지 못하는 것 같아서 아쉬움이 있었다고 한다.[13] 박윤선이 요한계시록 주석을 먼저 착수한 것은 당시의 분위기 때문에도 그랬겠지만 옳게 그리고 좀 더 깊이 있게 주석을 해야 하겠다는 생각에서였을 것이다.

길선주는 장로교 초대 목사 중 한 분이며 장대현교회 담임 목회자로서 1907년 대 부흥이 있었을 때 선교사들과 함께 주도적인 역할을 한 목사이다. 그는 부흥회 인도를 통하여 많은 사람들에게 그리스도를 믿는 신앙을 심어주었으며, 한국 교회의 지도적인 인물들에게 신앙적인 깨우침을 주었다.

길선주 목사가 요한계시록을 가지고 전국을 누비며 부흥 사경회를 인도한 만큼, 그가 한국 교회 종말론 신앙에 크게 영향을 미쳤음은 짐작하고도 남음이 있는 일이다. 비록 박형룡과 박윤선은 길선주 목사의 종말론이 세대주의 전천년설의

---

13) 박윤선, 『성경과 나의 생애』, 43

천년왕국신앙이라고 하면서 자신들이 지향하는 역사적 전천년설과 구별하지만 그리스도 재림 후 천년왕국신앙을 말하는 데에는 다름이 없었다.

모친의 회심

박윤선이 유학 중에 겪었던 일 중에 가장 기뻤던 일은 모친의 회심의 소식을 들은 일이었다. 그가 미국 유학을 떠날 때만 해도 여전히 기독교를 거부하므로 전혀 가망이 없어 보였다.

그의 어머니는 누구에게나 후덕하였고 아들의 친구들에게도 좋게 대해 주었다. 방지일이 하루는 박윤선의 어머니와 화기애애하게 말씀을 나누는 가운데 기회를 틈타 그 어머니에게 매우 친절하게 그리고 조심스럽게 말씀을 드렸다.

"어머님, 아들이 앞으로 목사가 되십니다. 목사님의 어머님이 되실 터인데 어머님도 예수 믿으셔야지요"

그러자 여태껏 그렇게 잘 대해 주던 어머니의 안색이 돌연 바뀌더니 매우 격한 어조로 말했다.

"방 선생, 다시는 그런 말 하지 말아요, 그만큼 공부했으면 벌써 군수도 되고 남을 터인데 목사는 무슨 목사요 날더러 예수 믿으라고요? 아예 그런 말일랑 다시는 내게 하지 말아요. 그런 말조차 나는 듣기 싫어요. 그런 말 하려거든 앞으로 대면할 것도 없어요."

놀랄 만큼 강경한 어머니의 태도에 방지일은 아연할 뿐이었다고 회상한다.14)

어느 날 박윤선은 모친이 보낸 편지를 받아들었다. 편지에는 손수 붓글씨로 쓴 요한복음 3장 16절의 말씀이 적혀 있었다. 당시의 맞춤법대로 쓰고는 끝에다 '김진신'이라고 서명한 것이었다.

"하나님이 세승을 이처럼 스랑ᄒ샤 독싱자를 주셧스니 누구던지 뎌를 밋으면 멸망ᄒ지 안코 영성을 엇으리라"

그렇게 완강하던 모친이 예수를 믿게 되었다니 너무나 감사한 일이었다. 어머니의 신앙고백을 담은 글을 받아 든 아들의 감격과 희열은 이루 말할 수 없었다. '진신(眞信)'은 아들이 미국으로 떠나면서 어머니에게 진실로 신자가 되기를 기원하는 마음을 담아 지어드린 이름이었다. 그 이전까지 모친은 호적에 이름이 없이 그냥 김씨로만 등재되어 있었다. 박윤

---

14) 방지일, "우리에게 있는 나다나엘", 박윤선, 『성경과 나의 생애』 114.

선은 그 때의 감격은 지금도 생생하다면서 소중하게 간직해 온 친필로 쓴 모친의 글을 그의 자서전에 싣고 있다.[15]

모친은 예수 그리스도를 믿기 시작했을 뿐 아니라 하나님의 말씀을 사모하여 한글을 배워 열심히 성경을 읽게 되었다. 당시에는 교회에 나오면서부터 비로소 한글을 깨친 이들이 많았다. 또한 많은 교회들이 야학을 개설하여 소위 문맹퇴치 운동을 벌이기도 하였다.

칼빈주의

웨스트민스터신학교는 1929년 9월 메이천과 몇몇 교수들이 프린스톤신학교가 자유주의 신학을 포용한다는 이유에서 칼빈주의 정통 신학을 보수하고 가르치려는 목적에서 프린스톤을 떠나 함께 따라 나온 약 50명의 학생들과 함께 시작한 학교이다.

1934년 박윤선이 웨스트민스터신학교에 입학했을 때는 초대 교장이었던 윌슨(R. D. Wilson)은 별세하고 메이천이 교장으로 있었다. 학교에는 메이천을 비롯하여 구약에 앨리스(Oswald T. Allis)와 맥크레이(Allen A. MacRae), 조직신학

---

15) 박윤선, 「성경과 나의 생애」, 77.

에 머레이(John Murray), 변증학에 반틸(Cornelius Van Til), 실천신학에 카이퍼(Rienk B. Kuyper), 신약에 스톤하우스(Ned B. Stonehouse), 교회사에 울리(Paul Wooley) 등이 교수하고 있었다.

박윤선은 웨스트민스터신학교에서 교회사나 조직신학보다는 성경 원어를 배우고 성경을 연구하는 일에 전념하며 메이천의 지도 아래 신약학을 전공하였다. 그는 주로 메이천의 강의를 들을 뿐 아니라, 그의 경건한 삶에서 교훈과 감화를 받았다. 메이천은 평생 독신으로 살면서 밤낮 성경을 연구하는 일에 몰두한 학자였다. 그는 모든 학생들을 자기 아들처럼 여기고 신앙으로 지도하였으며, 늘 확신을 가지고 산 위대한 신학자였다고 박윤선은 회고한다.16)

박윤선은 또한 메이천에게서 성경의 절대적 권위에 대한 확신을 전수 받음과 동시에 성경 해석 방법을 습득하였다. 메이천은 독일에 유학할 당시 몸소 자유주의 신학에 접하는 한편 마르부르크에서 헤르만(W. Herrmann)의 강의를 듣고 한때 성경의 권위에 대하여 회의를 갖는 등 어려운 과정을 겪으면서 갈등을 극복하고 성경의 권위에 대한 확신에 이르게 된 신학자이다.

---

16) 박윤선, 『성경과 나의 생애』, 72.

헤르만은 20세기의 변증법 신학자 칼 바르트와 불트만에게 많은 영향을 미친 신학자이다. 헤르만은 신학에서 형이상학이 배제되어야 한다고 강하게 주장하고 과학과 철학의 방법론적 지식으로는 하나님의 실재를 절대로 파악할 수 없다고 하며, 예수의 역사적인 출현은 개연성의 영역에 속하는 것이므로 신앙이 도전해야 할 세계의 한 부분에 지나지 않는다고 하였다. 그러면서 그는 사람들의 주의를 역사적인 것으로부터 그리스도와 인격적인 만남(Begegnung, encounter)이라는 영원한 체험 쪽으로 돌리도록 말한 신학자이다.

박윤선은 후에 웨스트민스터신학교에서 칼빈주의를 확신하게 되었다고 말한다. 칼빈주의는 곧 예수를 믿는다는 것을 뜻한다고 하며, 자신은 장차 한국에서 무엇을 가르쳐야 할 것인지에 대한 분명한 비전을 가지고 돌아왔다고 술회한다. 그리고 그는 성경 해석 방법을 메이천에게서 배웠다고 한다. 박윤선은 메이천의 성경 해석 강의 시간에서 들은 모든 것이 자신의 영혼 속에 살아 있다고 하면서 그에게서 배운 성경 해석 방법이 유일한 참된 방법으로 믿고 따른다고 한다.

박윤선은 웨스트민스터신학교의 교육을 통하여 진정한 칼빈주의가 어떤 것인지를 이해할 수 있게 되었다고 회고한다.

"웨스트민스터신학교에서 나는 칼빈주의를 확신하게

되었다. 칼빈주의는 곧 예수를 믿는 것을 뜻한다. 나는 내가 미래에 무엇을 가르쳐야 할 것인가에 대한 분명한 이해를 가지고 한국에 돌아왔다."

그러다 보니 그는 옛날 자기가 평양신학교에서 받은 교육이 어떠했는지를 알게 되었다. 박윤선은 자기가 평양신학교에서 받은 교육은 보수적이고 복음적이긴 했으나 "선명한 칼빈주의를 전하지는 못하였다."라고 비판적으로 회고한다.

박윤선은 후에 고려신학교에서 교수하면서 칼빈주의라는 말보다 개혁주의라는 말을 더 즐겨 쓰게 되었다. 개혁주의는 루터교와 더불어 개신교의 두 중요한 교회적 및 신학적 전통이다.

유럽에서는 '개혁주의'의 직역에 해당하는 'Reformism'이란 말은 없고 '개혁 교회'(Reformed church) 혹은 개혁 신학(Reformed theology)이라는 말이 있을 뿐인데, 한문(漢文) 문화권에서 'Reformed'를 '개혁주의'로 번역하고 있다. 그리고 개혁주의 교회와 신학을 통틀어 역사적으로 의식하면서 개혁주의 전통(Reformed tradition)이라고 한다.

루터교(Lutheranism)는 마르틴 루터의 사상을 따르는 교회와 신학 사상인 반면에, 개혁주의 교회와 신학은 스위스를 중심으로 하는 여러 지역에서 동시에 일어난 종교개혁 운동으로서 보다 확실하게 개혁을 지향한다는 의미에서 붙여진 이름이다. 개혁주의 교회는, 그 선구자들이 밝힌 바와 같이, 문자 그대로 '개혁된'(reformed) 교회가 아니고 '항상 개혁하는 교회', 즉 성경 말씀을 따라 항상 새로워지려는 교회임을 표방한다.

개혁주의는 종교개혁 제2세대에 속하는 요한 칼빈으로 인하여 교회 조직과 신학 체계를 보다 확고하게 갖추게 되었다. 그래서 그의 사상을 따르는 교회와 신학을 칼빈주의(Calvinism)라고 한다. 그런데 칼빈의 사상적인 영향이 너무나 크므로 '칼빈주의'를 '개혁주의'와 동의어(同義語)로 사용하기도 한다. 특히 영어권 나라에서 더 그러는 것 같다. 그러나 유럽 대륙에서는 '개혁 신앙', '개혁 신학' 또는 '개혁 교회'를 '칼빈주의'보다는 더 포괄적인 개념으로 이해한다.

루터교는 독일 전역에 확산되었으며, 특히 북부 지방과 스칸디나비아에서는 거의 독점적인 교세를 이룬데 반하여, 개혁주의는 제네바 교회에서 행한 칼빈의 목회 및 신학 활동으로 인하여 유럽의 여러 나라로 널리 확산되어 영향을 미치게 되었다. 독일의 라인 지방 및 독일 전역과 화란, 잉글랜드, 스코틀랜드, 폴란드, 보헤미아, 헝가리 등 서 유럽과 동 유럽 여러 나라로 확산되었다.

루터는 칭의론에 집착하면서 구원론을 강조한 반면에, 칼빈은 루터의 그러한 사상을 받아들일 뿐 아니라 성화를 더 체계 있게 설명하고 하나님의 주권 사상을 강조하며, 따라서 특별 은총과 함께 일반 은총을 강조하고 루터보다도 신구약 성경을 하나님의 말씀으로 믿는 일에 더 철저하였다. 루터교의 신앙고백서가 구원론으로 시작하고 있는 반면에 개혁주의 신앙고백서는 성경에 대한 고백으로 시작하고 있는 점도 그러한 전통을 반영하고 있다.

한부선과의 만남

박윤선이 웨스트민스터에서 얻은 또 하나의 소득은 정통장로교회(Orthodox Presbyterian Church)를 알게 된 것이었다. 그리고 정통장로교회에 속한 한부선(Bruce F. Hunt, 1903~1992)선교사를 학교의 같은 반에서 급우로 만나 평생을 사는 동안 그와 우정을 나누게 된 것 역시 큰 소득이었다. 한부선은 웨스트민스터에서 우정을 나누던 시절의 박윤선을 기억하며 이렇게 기술한다.

"나는 박 박사를 매우 특별한 친구로 생각하여 왔으며, 박 박사께서 신학적 문제들을 깊이 이해함에 있어서 깊은 통찰력과 비범한 능력을 가지고 있다는 것을 알고 강한 인상을 받았습니다. 그 당시 박 박사는 이미 영어, 헬라어, 히브리어에 능통했으며, 영어강의를 능숙하게 이해했습니다."17)

한부선은 또한 같은 글에서 오랜 세월 동안 사귀는 중에 알게 된 박윤선의 인품에 대하여 칭찬을 아끼지 않는다.

> "내가 박 박사를 알게 된 이후 50년이란 긴 세월이 흘러갔습니다만, 내가 박 박사에게서 발견한 사실은 유능한 학자라는 것과 동시에 언제나 친절하였으며 또한 유별히도 겸손한 분이었다는 것입니다. 나는 박 박사가 매사에 지방 관념이나 개인적 선입관념에서 벗어나서 자유롭게 판단하며, 공정하게 결정할 수 있는 어른으로 처세하였다는 것에 깊은 인상을 받아 왔습니다.……박 박사는 비록 북한에서 태어났지만 남북한 할 것 없이 한국 교회 안에서 중요한 위치를 차지하고 있습니다.18)

한부선은 한위렴(William B. Hunt) 선교사의 장남으로 평양에서 태어나 황해도 재령에서 자라면서 한국 민족의 비운

---

17) 브루스 헌트, "서문," 『경건과 학문』, 18; 서영일, 앞의 책, 145에서 재인용.
18) 같은 책.

을 한국 백성들과 함께 겪었으며, 한국을 자신의 고향으로 생각하며 평생을 산 선교사이다. 그는 자신을 가리켜 "국산품"이라고 농담도 곧잘 하면서 진정한 한국 사람이라고 자칭하였다. 한부선은 만주에서 사역할 때는 신사 참배를 반대하다가 일경에게 연행되어 옥에 갇히는 등 한국인 신자들과 같이 고난을 당하였다. 1919년 그는 독립만세를 부르다가 끌려간 사람들 중 누군가가 떨어트리고 간 "손으로 그린 태극기"를 주워두었다가 미국 유학을 떠나면서 가지고 갔다. 그는 그 태극기를 소중하게 액자에 담아 평생 간직하며 한국 민족과 교회를 위하여 쉬지 않고 간절히 기도한 "가장 한국적인 미국 선교사"였다.[19]

박윤선이 나중에 부산 고려신학교에서 신학 교육에 종사할 때 정통장로교의 도움을 받으며 한부선과 함께 일하게 되었다. 그리고 고려신학교의 설립자인 주남선 목사(朱南善, 1888~1951) 및 한상동 목사(韓尙東, 1901~1976)와 더불어 한국 교회의 쇄신을 주창하며 정통적인 진리 보수의 명분을 위하여 한국의 주류 장로교회에서 분립을 감수하며 고려파 교회 운동을 주도하게 되었을 때, 그들은 미국북장로교회에서 비슷한 명분 때문에 분립한 정통장로교회를 역사적인 모델로

---

[19] 박응규, 『한부선』, 서울: 도서출판 그리심, 2004, 15.

생각하였다. 정통장로교회는 역사적인 모델로서 그들에게 용기를 불어넣어 주었을 뿐만 아니라, 실제적으로 긴밀한 관계를 가져 도움을 주었다.[20]

기도의 원리와 설교 자세

박윤선은 긴 여름 방학 동안 웨스트민스터신학교 기숙사에 혼자 남아 있으면서 성경 연구에 몰두하였다. 그러나 아내와 가족을 두고 먼 이역에 와 텅 빈 기숙사에서 혼자 지내자니 수시로 엄습해 오는 외로움을 견딜 수가 없었다. 그는 외로움을 달래느라 기숙사 방에서 혹은 복도로 나가서 고함을 지르곤 하였다. 그 시절에는 많은 유학생들이 아내와 생이별을 한 채로 외롭게 지내야만 했다. 혼자 지내야 하는 긴 세월은 유학하는 남편에게는 물론이고 집에서 기다리는 아내에게도 괴로운 나날이었다. 1960년대 초반만 하더라도 부부가 함께 유학을 떠나거나 부인을 동반한다는 것은 아주 드물게 선택 받은 사람들만이 누릴 수 있는 특권이었다.

박윤선이 웨스트민스터신학교에서 얻은 귀중한 소득 가운데 하나는 큰 소리로 간절히 기도하는 습관이었다. 그는 숭실

---

20) 서영일, 앞의 책, 146 이하.

전문학교 시절부터 기도 많이 하는 사람이었으나 여기서 그는 기도가 무엇이며 어떻게 해야 하는지를 스스로 체득하였다. 기숙사에서 외로움을 쫓느라 고함을 지르곤 하던 박윤선은 기도할 때도 큰 소리로 외치듯 기도하였다. 그러면서 그는 큰 소리로 기도하는 것이 유익하다고 깨닫게 되었으며 기도를 즐겨하는 기도의 사람이 되었다. 그의 기도 소리는 듣는 사람에게도 감동을 주었다. 고신대학교에서 교수요, 총장으로 봉사한 이근삼(李根三) 박사는 박윤선의 장례식에서 문하생의 한 사람으로 드리는 조사에서 이렇게 말하였다.

"선생님은 언제나 기도하시던 분이셨습니다. 연구실에서 말씀 연구와 강의 준비 중에 말씀 앞에 목 놓아 큰 소리로 기도하시던 그 소리를 기억합니다. 앉으신 자리에서 흘러나오던 기도 소리를 우리는 기억합니다. 깊은 밤중에도 거실에서 흘러나오던 그 기도 소리를 우리는 잊지 않고 기억합니다."[21]

기도는 살아계신 하나님께 하나님의 백성이요, 자녀로서 마음을 쏟아 아뢰는 것이므로 명상과는 다르다. 더욱이 큰 소리로 하는 기도는 명상과는 확연히 구별되는 것이다.

---

21) 『박윤선의 생애와 사상』, 합동신학교출판부, 1995, 116.

박윤선은 큰 소리로 기도하는 것이 얼마나 유익한지를 말하며 어떻게 기도해야 할 것인지를 가르친다. 우리가 큰 소리로 기도해야 하는 것은 그렇게 해야만 하나님께서 응답해 주시기 때문이 아니라 우리의 간절함 때문이다. 또 작은 소리나 묵상으로 기도할 때 자칫하면 잡념이 들어 기도에 방해를 받기 때문에 큰 소리로 기도하는 것이 좋다. 기도는 영적 전투와 같아서 군인이 군가를 부를 때 힘을 주어 부르듯이 원수 마귀와 싸우는 것과 같은 기도는 큰 소리로 해야 한다고 말한다.

그는 또한 기도는 할 수 있는 대로 길게 하라고 가르친다. 긴 기도 중에서 하나님 면전에서 드리는 것 같은 기도는 매우 짧은 순간인 때가 너무 많기 때문이라고 한다.

> "우리가 범하기 쉬운 오류는 뜨거움이 없는 기도입니다. 제가 여기서 지금 깨달은 것은 이 문제(하나님의 뜻을 구하는 기도)에 있어서 뜨거운 것이 무엇인가라는 것입니다. 그것은 매달리는 모습으로 나타납니다. 매달린다는 것은 '달라, 달라' 그러면서 놓지 않고 계속하여 조르는 것입니다. 그만큼 뜨겁고 집중적이고 참으로 고생을 무릅쓰고 애를 태우면서 계속해서 하는 기도를 말합니다. '그저 나는 모르는 문제인데 하나님이 알아서 하세요.' 그래서는 안 됩니다. 기도는 뜨거워야 한다는 깨달음을 가지고 여러분에게 부탁을 드리는

바입니다……

하나님은 불이시기 때문에 우리도 하나님을 찾는 데 뜨거워야 합니다(하나님은 소멸하는 불-히 12:29). 즉, 간절해야 한다는 뜻입니다. 주시기 전에 놓지 않는 일, 애써 많은 기도를 하고 일어서면서도 조금 더 해야 하겠다는 마음이 남아 있어야 되고, 다른 일을 하면서도 아직도 그 기도를 중얼거리고 있을 정도로 끊이지 않는 심정으로 우리들이 기도해야 합니다."22)

기도의 사람으로 알려진 박윤선은 나의 생애와 기도 생활이란 유고를 남겼다. 거기에 보면 그가 얼마나 기도하기를 좋아했는지 잘 드러나 있다.

"나는 산과 들을 좋아한다. 그 이유는, 그곳에서 기도하려는 의욕 때문이다. 산을 보든지 들을 보든지 나의 마음에는 '저기 가서 기도했으면 좋겠다' 하는 의욕이 일어난다. 나는 주택을 구할 때에도 산 가까이 위치한 집을 원한다. 그것은 내가 한적한 곳에서 기도하기 위함이다. 예수님께서는 기도하시기 위하여 한적한 곳(산이나 들)을 택하셨다. 그는 종종 산에서 기도하셨고(마 14:23, 26:36; 막 6:46; 눅 6:12, 9:28), 들에서도 기도하셨다(막 1:35;

---

22) 박윤선, "나의 생애와 기도 생활", 『성경적 기도 생활』, 127-128; 유영기, 『죽산 박형룡과 박윤선』, 260에서 재인용.

눅 5:16)."[23]

박윤선은 기도의 응답에 대하여 이야기하면서 먼저 "내가 깨닫지 못하는 기도 응답들"에 관하여 이야기하는 것이 인상적이다.

> "응답된 증거가 확실하지 않은 어떤 기도들은 하나님께 상달되지 않았다.'고 할 필요는 없다. 그 이유는 기도 응답은 반드시 기도자에게 다 알려지는 것이 아니기 때문이다. 참된 기도는 주로 기도자의 육체를 위한 것이 아니므로 응답 여부를 알기 어렵다. 예를 들어 주기도문을 생각해 보자. 여러 가지 기구건 중 몇 가지만 기도자 자신과 구체적 관계가 있는 내용이다. 개인주의적 내용이 아닐수록 참된 기도이다. 그러므로 많은 참된 기도들이 기도자 밖에서 이루어진다. 그 뿐 아니라, 많은 기도들이 영적으로 이루어지며(눅 11:11), 성령으로 말미암아 수정되어서 이루어진다(롬 8:26-27)."[24]

박윤선은 공중 기도에 관하여서는 그의 『개혁주의 교리학』에서 스펄전(Charles H. Spurgeon)이 기도의 방법에 대하

---

23) 박윤선, 『성경과 나의 생애』, 167.
24) 같은 책, 168.

여 말한 것을 소개하고 있다. 평소에 박윤선은 그렇게 가르쳤다.

① 혼자 하는 기도는 얼마든지 길수록 좋으나 공석 기도는 짧아야 된다. 이것은 무디(D. L. Moody)의 의견과 같다. 무디는 말하기를, 공석에서 하는 긴 기도는 은혜를 손상시킨다고 하였다.
② 목사는 사석 기도에 있어서 먼저 해산하는 수고를 해야 된다.
③ 공석 기도에서 측면 설교, 즉 교우들을 깨우치고자 하는 언사를 일삼아서는 안 된다.
④ 공석 기도에서 높고 화려한 문구들을 나열하는 식의 꾸미는 말을 사용하지 말아야 한다.
⑤ 교리를 길게 설명하거나 다른 사람의 행적을 하나님께 소개하는 듯 하는 태도를 삼가야 한다.
⑥ 기도에서 말과 음성도 부드럽고 온화하게 해야 한다.[25]

박윤선은 기도할 때 큰 소리로 하듯이 설교할 때도 역시 늘 진지하게 힘과 열정을 쏟으며 하였다. 그는 친구인 방지일 목사에게 편지하면서 "오늘 강단은 네 마지막 강단인 줄 알고

---

25) 박윤선, 『개혁주의 교리학』, (서울: 영음사 2003), 563.

유언적 설교를 할 것이다."라고 써 보낼 정도였다.

박윤선은 웨스트민스터신학교에서 학생으로 공부할 때 여러 교회에서 초청을 받아 가서 설교하곤 하였다. 그럴 때마다 사람들은 간절하게 열정을 다하여 호소하는 그의 설교에 감동을 받았다. 사람들은 더러 그를 가리켜 '불'이라고 칭하였다.[26] 이러한 청중의 반응에 대하여 박윤선은 언제나처럼 자신이 한 설교가 좋아서이기보다는 청중이 들을 준비가 되어 있기 때문에 호응하게 된 것이라고 겸손히 말했다.

박윤선은 달변가도 아닌데 그의 설교에는 능력이 동반되었으며 많은 청중으로 하여금 회개에 이르게 하는 은혜가 있었다. 그의 설교가 감동적이었던 것은 그가 말하는 대로 성경 말씀을 깊이 연구해서 그럴 뿐 아니라 설교를 준비하면서 기도를 많이 했기 때문이다. 박윤선과 학교와 같은 교회에서 오랜 세월을 함께 한 신복윤 교수는 박윤선의 설교를 아래와 같이 묘사하며 평가한다.

> "그의 설교는 한결 같은 데가 있었다. 웅변은 아니나 힘이 있었고 수식은 없으나 감동을 주었고, 죄와 현실 교회의 비리에 대한 선지자적 경고와 책망은 있으나 그것을 아무 거부감 없이 '아멘' 하고 받아들일

---

26) 같은 책, 31.

수 있는 설교였다. 그는 설교에서 자신이나 자기 가
정에 대하여 말하는 일이 없었고, 흔히 목회자들 중
에 억울한 일을 당하고 강단에서 화풀이하는 식으로
분풀이하는 것을 금하였다.

그의 설교는 흡수력이 강했다. 표현력이 부족한 것 같
으면서도 깊이가 있고 조직이 있어 사람들의 가슴을 뚫
고 들어간다. 가슴과 가슴이 마주치고 몸과 몸이 하나가
된 설교이기 때문에 흡수력이 강할 수밖에 없었다. 여기
에 기도로 준비하고, 말씀을 명상하며 새기고 그리고 풀
이해 주니 회중들이 그의 설교의 말씀을 놓질 수가 없는
것이다."[27]

그는 강단 사역과 관련된 기도 응답에 관하여 말하면서 설교자는 설교 준비를 위하여 기도를 많이 해야 하지만 먼저 설교 내용이 성경에 의한 올바른 깨달음으로 정비되어야 한다고 말한다.

"나는 어떤 때에는 설교 준비를 먼저하고 그 다음에
기도한다. 그러나 어떤 때에는 먼저 기도하고 그 다음에
설교 준비를 한다. 내게는 이 두 가지 작업이 병행한다.
경중으로 말하자면 성경 연구가 더 중요하지만 기도도

---

27) 신복윤, "성경의 사람, 한국의 나다나엘", 『박윤선의 생애와 사상』, 88.

없어서는 안 된다. 하나님께서는 설교자가 바친 만큼 주심에 있어서 에누리가 없으시다.

즉, 성경 연구와 기도 준비에 시간을 얼마나 바쳤는가에 따라서 그 설교의 성패가 좌우된다. 이 사실은 나의 평생 설교할 때마다 체험하여 온 바이다.

그런데, 어떤 때에는 여러 시간 준비 기도를 했는데도 그 설교가 별로 은혜롭지 못했던 경우가 있다. 후에 생각해 보니, 준비 기도에 시간은 바쳤지만 전심으로 기도하지 못했던 것을 깨닫게 되었다. 결국 참된 기도는 하나님의 은혜로만 이루어진다는 사실을 알게 되었으며, 기도를 참되이 하기 위해서 더욱 하나님께 매달리는 노력을 하게 되었다. 노력함은 은혜를 사모하는 자의 구체적인 모습이다.

설교할 때에 장애되는 문제는 자아(自我)에 대한 관심과 청중에 대한 위축감이다. 설교자가 설교 행위를 통해서도 은근히 자기를 변호하거나 자기를 높이는 것 같은 것은 언제나 하나님 앞에서 가증하다. 그뿐 아니라, 청중을 의식하여 마땅히 할 말도 못하고 도리어 아부하는 것 같은 언사는 얼마나 가증한가. 이런 심리는 진정한 투쟁적 기도에 의해서만 죽임이 된다. 나의 경험으로는 설교하기 전에 착실히 기도하고 강단에 섰을 때에만 이 같은 장애가 없었다. 나의 강단 생활에 있어서 승리의 설교가 계속적으로 이루어지지는 못하였고 간간이 있을 뿐이었다. 이것이 나의 탄식거리이다. 그러므로 나는 설교를 위한 준비 기도를 더 많이 하려고 애쓴다."[28]

---

28) 박윤선, 『성경과 나의 생애』, 171.

3. 성경 주석에의 소명

주석 사역의 시작

박윤선은 웨스트민스터신학교 연구과에서 신약학 석사 과정을 마치고 1936년 8월에 귀국하였다. 그는 먼저 고향에 계시는 모친을 찾아뵈었다. 모친이 예수를 믿고 난 후에 처음 뵙는 상봉이었다. 그 후 그는 가족들과 평양에 거주하면서 총회 교육부에서 편찬하여 발간하기로 한 「표준성경주석」을 위하여 일하였다. 그는 또한 평양신학교에서 2년간 시간강사로 헬라어와 히브리어를 가르치는 한편, 평양여자고등성경학교에서 시간강사로 가르쳤다. 이 학교는 여자들을 위한 신학 교육 기관으로는 평양에서 유일한 학교였다.

장로교 총회가 『표준성경주석』을 편찬하기로 한 것은 아주 필요하고 바람직한 기획이었다. 1934년 한국 선교 희년을 맞이하여 감리교에서는 기념사업의 하나로 유형기(柳瀅基) 목사의 주관 하에 『아빙돈 단권성경주석』을 번역하여 출판하였다. 이 번역은 장로교에 큰 물의를 야기하였으며, 장로교 총회에게 『표준성경주석』을 편찬하는 동기를 부여하였다.

아빙돈 주석은 고등비평을 그대로 따르고 있다. 예를 들면, 출애굽기 6장은 모세가 부름 받은 사실을 말해주는 제사장 문서(P)라고 하고, 출애굽기 7:3-5에서는 구약 종교가 진화했다는 종교사학파의 견해를 말하며, 재앙이나 기적에 관해서도 합리주의적인 설명을 시도하고 있다.

장로교의 초대 목사이며 부흥사인 길선주 목사는 총회 석상에서 『아빙돈 단권성경주석』이 자유주의 신학 경향에서 쓰였다고 지적하고 장로교 교리에 위배되는 점이 많은 점을 들어 장로교회에서는 구독하지 않도록 해야 한다고 말했다. 그리고 이 책의 집필에 참여한 채필근(蔡必近), 한경직(韓景職), 송창근(宋昌根), 김재준(金在俊) 등 장로교 목사들로 하여금 기관지를 통하여 사과하도록 해야 한다고 제의하였다.

총회는 이 제의를 받아들여 가결하였다. 채필근은 즉석에서 사과하였으나 송창근은 이를 거부하고 이러한 총회의 결의는 신학의 자유를 억압하는 처사라고 하며 항의하였다.[29] 그러다가 마침내 장본인들은 번역 편집에는 참가하지 않았을

---

29) 김양선, 『한국기독교해방십년사』, 177.

뿐 아니라, 장본인들이 번역한 부분의 내용은 기독교 교리에 위배되는 점이 없다고 천명하였다. 그러면서 혹시 교회에 덕이 되지 못한 일이 있으면 사과한다고 말함으로써 그 문제는 일단락을 지은 것으로 되었다. 그러나 그것은 말하자면 신학적인 양극화로 가는 예비 논쟁의 종식에 지나지 않았다.

『아빙돈 단권성경주석』은 한국 교회에 아직 이렇다 할 성경 주석이 없어서 설교자들을 위하여 성경 주석이 절실히 필요한 그런 시점에 제일 먼저 나온 단권 성경 주석이다. 주석이 필요한 사람들은 너도나도 구입할 것이므로 자유주의 신학 성향으로 쓰인 이 주석 책이 널리 독자들에게 심대한 영향을 미칠 것은 가히 짐작할 수 있는 일이었다. 이에 장로교 총회는 목회자들에게 『아빙돈 단권성경주석』에 버금가는 건전한 성경 주석이 필요함을 인식하고 박형룡에게 『표준성경주석』을 편찬하도록 중임을 맡겼다.

1934년 총회에서는 아빙돈 단권성경주석 사건뿐 아니라 성경의 역사적 비평 문제에 대한 논란도 있었다. 즉, 두 사람의 목사가 성경에 관하여 새로운 신학적인 견해를 말한 일 때문에 고소를 당하였다.

그 하나는 서울 남대문교회의 목사 김영주(金英珠)가 창세기의 저자가 모세라는 점에 의문을 표한 일과 또 하나는 성진 중앙교회의 목사 김춘배(金春培)가 여권(女權)에 관하여 해석한 것 때문에 고소를 당한 것이었다. 김춘배가 바울이 고린도교회에 쓴 말씀, 즉 "여자는 조용하라 여자는 가르치지 말라"(고린도전서 14:34)고 한 것은 2천 년 전의 일개 지방교회의 교훈과 풍습이지 만고불변의 진리는 아니라고 한 것이 문제가 되었다. 총회는 이에 대하여 조사위원회를 구성하고 다음 총회에 그 경위를 밝혀 보고하도록 박형룡에게 책임을 맡겼다.

박윤선은 『표준성경주석』 일을 박형룡의 배려와 부탁으로 맡게 되었다. 『표준성경주석』 편찬의 책임을 맡은 박형룡은 박윤선이야말로 이 일을 맡아 일할 적격자로 알고 하루 빨리 귀국하여 집필을 맡아 주석을 편찬하는 일을 도와주기를 간절히 바라던 터였다. 실은 박윤선이 웨스트민스터신학교에서 공부하는 동안에 박형룡은 『표준성경주석』을 발간하는 일을 두고 메이천과 편지로 의견도 교환하고 박윤선이 그 일을 위하여 잘 준비하고 있기를 기대한다는 뜻을 전하였다. 메이천은 박형룡에게 보내는 편지에 박윤선이 그 일을 하기에 손색이 없는 훌륭한 신학도임에 틀림없다고 확언하였다.

박윤선은 이 주석 집필에 참여하게 된 것은 하나님의 인도하심이라고 확신하였다. 이 주석 작업이 그에게 주석가로서 헌신할 수 있도록 용기를 준 계기가 되었으며, 가장 중요한 자극이 되었다고 한다.

박윤선은 『표준성경주석』 편찬에 참여하여 고린도후서를 맡아 집필하기 시작하였다. 그는 웨스트민스터신학교에서 배운 방법대로 주석을 쓰려고 노력하였다. 『표준성경주석 고린도후서』는 1938년 6월에 간행되었다. 박형룡과 공동으로 저작한 것으로 되어 있으나 실제로는 박윤선이 그의 말년에 밝힌 바와 같이 단독으로 한 것이었다. 그러니까 성경 전권을 주석한 박윤선에게 『표준성경주석 고린도후서』는 그의 처녀작인 셈이다.

그는 신학교에는 그냥 시간강사로 출강하는 위치에 있었으나 『표준성경주석』 편집 사무실이 평양신학교 하층에 있었으므로 그는 종일 신학교에 머물면서 일했다. 그러나 박윤선은 신학교와 성경학교에서 가르치며 성경을 주석하는 귀한 일을 일제의 신사 참배 강요와 핍박으로 인한 험난한 시국 때문에 계속할 수가 없었다.

나라와 교회의 난국에서

일제 정부는 1935년 이후부터 더욱 강도를 높여 신사 참배를 강요하며 한국 백성들과 교회를 핍박하기 시작하였다. 한국의 여러 교파 교회들이 일제의 강압을 견디지 못하고 하나둘씩 굴복하였다. 그리고 굴복하지 않는 안식교회와 성결교회는 강제로 폐쇄 당하였다. 오래 버티던 장로교회 역시 1938년 2월 5일 평북 노회를 위시하여 다수의 노회들이 신사 참배를 받아들이기로 가결하면서 무너지기 시작하였다. 그 해 9월 9일 평양 서문밖교회에서 열린 제27회 장로교 총회가 일제의 강압에 더 이상 견디지 못하고 신사 참배를 하기로 결의함으로 말미암아 마침내 장로교회도 일제에 굴종하고 말았다.

오래 버티던 장로교가 일본의 신사 참배 강요에 공적으로는 굴하였으나 개별적으로 또는 공동으로 신사 참배를 반대하는 목사들과 지도적인 기독신자들이 많이 있었다. 총회에 총대로 참여한 선교사들은 신사 참배 지지 가결이 있던 바로 그 날 오후에 신사 참배를 가결한 데 대한 항의서를 제출하였다.

1938년 9월 28일에 미국 남장로교 선교회는 신사 참배강요에 굴복한 조선예수교장로회를 탈퇴하기로 결의하였으며, 북장로교 선교회도 10월 5일 역시 탈퇴를 결의하였다. 남장로교 및 북장로교 선교회는 호주 장로교 선교회와 더불어 신사 참배를 반대한다는 이유로 각 노회에서 제명당한 목사들을 지지하고 후원하였다.[30]

1939년 초에는 평안도와 경남 지방에서, 그리고 만주에 거주하는 교포 신자들 사이에서 신사 참배를 반대하는 조직적

---

30) 김양선, 앞의 책, 191.

인 운동이 일어났다.

북에서는 평양 산정현교회가 이 운동의 중심이었다. 주기철(朱基徹, 1897~1944) 목사는 이 운동의 지도적 인물로서 마산에서 목회하다가 1936년 산정현교회에 담임목사로 부임하였다. 그는 1931년 마산문창교회로 오기 이전 부산 초량교회를 시무할 때부터 경남노회에다 신사 참배 반대 결의안을 제출한 일로 한국 교계의 주목을 받고 있었다.[31] 주기철 목사는 1938년부터 세 번이나 검속 당하였다. 1940년 5월 네 번째로 검거되어 평양 감옥에서 혹독한 고문을 당하는 등 옥고를 치르다가 1944년 4월 21일 순교하였다.[32]

1939년 4월 주기철이 세 번째로 검속되었을 때 이기선(李基善) 목사와 채정민(蔡廷敏) 목사는 서북지방에서 신사 참배에 반대하는 많은 목사와 평신도들을 규합하였다. 그들은 1940년 3월 신사 참배 반대 운동을 조직화하였다.[33]

남부 지방에서는 마산문창교회에 주기철 목사의 후임으로 부임한 한상동 목사가 주남선 목사와 당시 전도사였던 황철도(黃哲道)와 이인재(李仁宰) 등과 더불어 신사 참배 반대 운동을 주도하였다. 한상동 목사는 마산문창교회에 부임한 지 6개월

---

31) 김충남, 『진달래 필 때 가버린 사람』, 1970, 136.
32) 김양선, 앞의 책, 195.
33) 같은 책, 195.

만에 경찰의 압력으로 노회로부터 목사직을 면직 당하였다. 그로부터 그는 목회하는 교회도 없이 경남 지방을 순회하며 여러 번 평양을 왕래하면서 신사 참배 반대 운동을 벌였다.

일찍부터 타협의 길을 모색한 감리교회에서는 장로교회에서처럼 신사 참배에 대한 조직적인 반대 운동은 없었으나 여러 목회자들이 연회에서 휴직하거나 제명되기도 하고 적극적으로 투쟁하기도 했다. 독립만세운동을 주도한 33인 중 한 사람인 신석구 목사는 천안교회에서 신사 참배 반대 투쟁을 하다가 옥고를 치렀으며, 이진구 목사는 원산 지방의 고성교회에서 반대 투쟁을 하다가 투옥되었다. 그리고 이영한 목사는 해주 감옥에서 순교하였다. 강원도 삼척의 북평교회 평신도인 최인규 권사는 1942년 12월 16일 옥중에서 순교하였다. 1940년 6월에는 감리교신학교도 학교 안에 신사 참배 반대와 일제의 정책을 반대하는 전단이 뿌려진 사건으로 인하여 무기휴교를 당하였으며 마침내 폐교 당하였다.34)

장로교회가 총회적으로 신사 참배를 결의하고 결행한 일은 비통한 일이었다. 게다가 노회와 지역 교회들이 신사 참배를 반대하는 목회자들을 징계하여 출교한 것은, 물론 일제의 강압 때문에 그랬던 것이지만, 엄청난 죄를 범한 부끄러운 역사적

---

34) 노종해, 『한국감리교사의 새 시각』, (서울: 도서출판 풍만, 1988) 236; 김영재, 『한국 교회사』, 서울: 이레서원, 2004, 219.

사건이다. 장로교 총회가 신사 참배의 죄를 회개할 때 마땅히 동시에 회개해야 할 일이다. 신사 참배를 반대한 이들은 옥에 갇히거나 지방으로 잠적하거나 혹은 국외로 망명하였다. 장기수로 옥에 갇힌 70명의 성도들은 갖은 고초를 겪다가 대다수가 순교하였으며, 해방을 맞이하여 살아 출옥한 이가 20명 미만이었다.

4. 망명

두 번째 유학과 고국의 정황

 나라와 교회가 이와 같이 급박한 상황에 처해 있을 때 박윤선은 두 번째로 유학을 떠났다. 그는 후에 두 번째 유학은 일제의 신사 참배 강요에 맞서지 못하고 이를 피하기 위한 것이었음을 솔직하게 고백하였다.

 평양신학교는 1938년 한 학기를 마치고는 자진 폐교하였다. 일제 정부가 이 해부터 신사 참배에 반대하는 성도들을 검거하기 시작하자 교수 선교사들은 신사 참배를 반대하다가 그들의 본국으로 떠났으며, 한국인 신학 교수 남궁혁 박사는 중국으로, 박형룡 박사는 잠시 일본으로 건너가 있다가 만주로 가서 망명 생활을 했다. 그러므로 박윤선으로서도 어쩔 도리가 없었다. 그에게는 유학길이 망명의 길이었다.

 그가 두 번째로 웨스트민스터신학교로 갔을 때 은사 메이천 교수는 타계하였고 대신 반틸 교수가 후계자로 각광을 받고 있었다. 박윤선은 성경 원어를 공부하는 한편 반틸 교수의 지도를 받으며 변증학을 연구하면서 화란의 개혁 신학을 접하게 되었다. 이를 계기로 그는 화란어 공부에 열중하였다.

박윤선이 미국에 체류하는 동안에 제2차 세계 대전이 발발하였다. 온 세계가 전쟁에 휘말려 파괴와 참화를 당하고 있을 때, 한국에서는 일제의 황국 신민화 정책으로 인하여 백성들은 나라 잃은 설움을 안고 노예와 같은 삶을 살아야 했으며, 교회는 신앙의 자유를 잃고 신도(神道)에 굴종한 상태에서 나날을 보내야 했다.

주일 공예배가 시작되면 하나님께 예배하기 전에 먼저 동방을 향하여 천황에게 요배를 한 후 전몰 장병을 위하여 묵도를 하고 이어서 황국신민의 선서를 제창해야 했다. 노회와 총회가 열리기 전에 먼저 신사 참배를 해야 했고 회기 중에는 장시간에 걸쳐 경찰의 시국 강연도 들어야 했으며 국방을 위한 헌금도 해야 했다.

일제는 1939년부터 한국인들을 징발하여 강제 노동에 동원했으며, 1942년부터는 한국에서도 징병 제도를 실시하여 청년들과 학생들을 무차별 동원해 갔다. 제2차 세계 대전이 끝날 무렵 징용 혹은 징병을 당하여 국내에서 노역하거나 군복무를 하는 한국인들이 무려 2,616,900명이었고, 국외로 끌려

간 사람이 723,000명이었다.[35]

봉천신학교와 망명 생활

박윤선은 1년간의 공부를 마쳤으나 조국은 그가 돌아올 수 있는 상황이 못 되었다. 1939년 10월 그는 동경에 와서 수개월 간 체류하면서 『표준성경주석』의 일부인 『데살로니가 전후서』와 『골로새서 주석』을 집필하였다. 그리고 시간을 내어 사설 학원에 다니며 독일어를 공부하였다. 그러던 중 봉천에서 신학교를 열자는 초청을 받고 이듬해 1940년 3월에 잠시 귀국하여 가족을 데리고 만주 봉천(奉川), 즉 현재의 심양(審陽)으로 갔다. 그곳 교포들이 신학교를 세우려고 박형룡 박사와 그를 초청하였던 것이다.

봉천신학교는 장로교, 감리교, 성결교, 침례교 등이 연합하여 결성한 조선기독교연맹의 후원으로 1941년 설립된 학교이다. 그런데 장로교 교세가 우세하다보니까 학교 운영을 장로교의 목사들이 주도하게 되었다. 장로교의 보수적인 목사들은 이 학교를 평양신학교의 명맥을 잇는 장로교 신학교로 인식하였다. 당시 이 학교에서 신학을 공부하기 위하여 모여든 학

---

35) Han Woo-Keun, *The History of Korea*, Eul-Yoo Publishing Co. Seoul 1970, tr. by Lee Kyung-Shik, 496.

생은 50~70명에 이르렀다.

거의 같은 시기에 국내에서는 서울과 평양에 두 장로교 신학교가 설립되었다. 1930년대 중반부터 위에서 언급한 바와 같이 장로교회에는 보수 측과 자유 측이 서로의 신학적인 견해 차이 때문에 충돌하기 시작하면서 균열이 있게 되었다. 그런데 양측이 일제의 신사 참배 문제에 대응해야 하는 구체적인 상황에 직면하여 실제적으로 제각기 달리 반응함에 따라 균열은 더욱 심화되었다. 보수적인 신앙인들은 신사 참배에 반대하여 핍박을 받고 고난의 길을 갈 즈음에 자유주의자들은 일제가 설득하는 대로 신사 참배가 국민의례에 지나지 않는다고 해석하여 타협과 적응의 길을 택하였다.

1940년 10월 선교사들은 조속히 귀국하라는 한국 주재 미국 영사관의 최후 통보를 받고는 모두들 떠나고 한국 교회의 보수적인 지도적 인물들은 신사 참배를 반대하여 심한 핍박을 받아 감옥에 갇히거나 해외로 망명하거나 혹은 지방으로 은거하느라 흩어진 상황에서 자유주의자들은 그들의 신학적인 입장과 거점을 공고히 하였다.

1939년 3월 27일 김영주, 차재명이 몇 명의 평신도의 도움을 얻어 조선신학교의 설립 기성회를 조직하여 그 해 가을에 서울 승동교회 지하층에서 개강하였다. 교수진으로는 주로 일본에서 교육을 받은 채필근, 김영주, 함태영 목사 등이었다.

그들 대다수가 자유주의 신학 사상을 가졌다거나 거기에 동조한다는 이유에서 1935년 장로교 총회에서 지탄을 받은 이들이었다.36) 만주 용정(龍井)에서 교편을 잡던 김재준 목사가 서울로 와서 학교 설립 사무를 맡았다. 그리하여 1940년 4월 조선신학교는 장로교 독립신학교로 개교하였다.

서울에서 조선신학교를 창설하고 오랫동안 교장으로서 학사(學事) 면에서와 신학적으로 학교를 이끌어 온 김재준은 조선신학교의 설립 의의를 "서양 선교사들의 지배와 보수 신학으로부터의 해방"이라고 하였다. 그런데 그가 말한 '신학의 자유'는 '신앙의 자유'를 희생한 대가로 얻은 것이었다.

한편 장로교 총회는 총회 직영 신학교를 평양에다 세우기로 가결하고 1939년 11월 김석창(金錫昌), 윤하영(尹河英), 고려위(高麗偉), 김관식(金觀植) 목사들을 교수진으로 하여 평양 선교리 동덕학교 교사를 빌려 개교하였다. 이듬해 2월 채필근 목사가 교장으로 부임하여 일제 당국으로부터 학교 인가를 받았다. 이 신학교는 옛날의 평양신학교의 전통과는 신학적으로 거리가 멀 뿐 아니라 일제 말엽에는 일본화가 되었으며 해방 직후 공산당이 이북에서 집권하자 폐교되었다.37)

---

36) Harvie M. Conn, "Studies in the theology of the Korean Presbyterian Church", *The Westminster Theological Journal*, Vol. 29, No.2, 1967, 174f.

박윤선은 1940년 만주로 오자 먼저 봉천, 즉 오늘의 심양에서 6km 떨어진 곳에 있는 우지황교회를 맡아 목회하면서 베자상교회에서도 격주로 설교를 담당하였다. 그 해 그는 봉천노회에서 목사 안수를 받았다. 그리고 1941년 봉천 북능(北陵) 지방에 신학교가 설립되자 거기서 1943년까지 교수로 봉직하였다. 신약을 가르치면서 헬라어와 히브리어도 함께 가르쳤다. 정상인(鄭尙仁) 목사가 교장으로 봉사하였으며 박형룡 박사도 일본에서 와서 함께 교수하였다.

신사 참배의 바람은 만주 교계에도 거세게 불어 닥쳤다. 만주는 일제가 허수아비 정부를 세워 지배하고 있는 나라였으므로 신사 참배 강요를 피할 수 없기는 한국이나 마찬가지였다. 봉천 노회 역시 신사 참배를 하기로 가결하였으며 한국에서나 마찬가지로 이를 반대하는 김선두(金善斗) 목사를 제명하였다. 만주의 상황마저 이 지경이었으므로 신사 참배를 피하여 온 박윤선의 만주 생활이 순탄할 수가 없었다.

정상인 목사가 박윤선과 박형룡을 봉천신학교로 초빙할 때 신사 참배로 인하여 겪는 어려움은 없을 것이라고 장담하며 보호해 주기로 약속했다. 그러나 봉천신학교 역시 결코 무풍지대의 도피처는 못 되었다. 정상인 목사로서는 몰아쳐 오는

---

37) 김양선, 앞의 책, 196쪽.

신사 참배의 거센 바람을 막아 두 교수를 보호하기에는 역부족이었다. 정상인은 일본인 목사 기쿠찌(菊池雄一)가 바람막이 역할을 해 주기를 기대하여 박윤선이 추천하는 대로 그를 교수로 기용하였다. 그러나 어이가 없게도 그가 일본 헌병대의 첩자 노릇을 하고 있었음이 나중에 드러났다. 기쿠찌는 신사 참배를 반대하는 일본인 목사 와따나베랑 웨스트민스터신학교에서 박윤선과 함께 공부한 동창이었다.[38]

정상인 목사는 박형룡과 박윤선 두 교수를 제외하고는 다른 교수들이나 학생들더러 신사 참배를 하도록 조처하였으며, 이를 따르지 않는 학생들에게는 학교를 떠나도록 명하기까지 하였다. 이런 와중에 두 교수 역시 신사 참배를 강요하는 일제 당국에 노출되지 않을 수가 없었다.

박윤선은 1943년에 만주신학교 교수직을 사임하고 봉천에서 약 80km 거리에 있는 만주에서 유명한 공업 도시 안산(鞍山)으로 가서 1945년 8월 15일 해방의 날까지 약 2년간 은거 생활을 하면서 그의 숙원인 성경을 주석하는 일에 전념하였다. 해방 이후 그가 고백한 바와 같이 한 번 신사 참배를 한 그로서는 신사 참배 문제와 타협하고 나아가는 교계와 학교에서 벗어나고 싶었으며, 더욱이 계속 다그치는 일제의 강압

---

38) 장경재, 『죽음에서 살려주신 하나님』, 63.

을 피하고 싶었다.

신사 참배 강요에 시달리며 괴로워하거나 굴종하여 풀이 죽었거나 무감각해진 학생들을 대하는 것도 괴로운 일이었다. 도대체 그런 상황에서 교수와 학생들 서로가 진리의 말씀을 배우고 가르치는 즐거움을 나눈다는 것은 불가능한 일이었다. 그래서 그는 조용히 지내면서 성경 주석 저술에만 전념할 수 있는 길을 택하였다. 그는 회개하는 심정에서 그 길을 택하였다고 술회한다.[39]

박윤선은 달도만(達道灣)이라는 시골에 사는 계노순(桂魯純) 집사 댁에 머물면서 주석 집필에 전념하였다. 계 집사는 전답을 팔아서라도 박윤선을 도우려고 하였다. 달도만은 안산에서 20리 떨어진 곳에 있는 마을이었다. 거기서 그는 요한계시록 주석을 탈고하고 시편 주석 일부와 공관복음 주석을 집필하였다. 때로는 봉황산(鳳凰山) 계곡의 바위에 앉아서 공관복음 주석을 쓰기도 하였다. 그는 봉황산은 마적이 자주 출몰하는 곳이라는 이야기를 나중에야 들었다. 그는 놀란 가슴을 쓸어내리며 하나님께서 보호해 주셨음에 감사하였다.

이렇게 외딴 마을에 외로움을 달래며 주석을 집필하는 것을 위로로 삼고 있던 박윤선은 어느 날 마음을 시원하게 해

---

39) 박윤선, 『성경과 나의 생애』, 89.

주는 통쾌한 일을 경험하였다. 봉천과 안산을 공습하기 위하여 미 공군 B29가 출현한 것이다. 그가 집 앞에 있는 수수밭에서 쉬고 있을 때였다. 멀리서 비행기 소리가 들렸다. 그는 벌떡 일어나 고개를 들어 하늘을 쳐다보았다. 여태 본 일이 없었던 은색 비행기가 멀리 하늘 높이 날고 있었다. 장관이었다. 아! 저 모습은 바로 교회를 핍박하던 일본의 패망이 임박했음을 알리는 전령이요, 패망을 재촉하는 징조가 아닌가. 머지않아 조국이 해방되고 교회가 신앙의 자유를 되찾게 될 날이 오겠구나 하는 희망찬 생각에서 그의 가슴은 벅차 마구 뛰었다.

해방을 맞이하여

해방이 되자 박윤선은 가족을 데리고 봉천을 떠나 그의 고향인 평북 철산으로 갔다. 그는 거기서 약 6개월 머무는 동안 장평교회를 맡아 목회하였다. 그러다가 1946년 2월 말경 그는 가족을 데리고 월남하였다.[40] 공산당이 지배하는 북한에서 신학교를 경영하고 교수한다는 것은 도저히 불가능한 일이라는 판단에서 장경재 전도사에게 교회를 돌보도록 맡기고 그

---

40) 장경재, 『죽음에서 살려주신 하나님』, 서울 화성교회 출판, 2000, 75쪽.

곳을 떠났다.

38선을 넘어 서울로 올 때 그는 바빙크의 『교리학』과 바르트의 『로마서 주석』, 그리고 흐레다너스의 『요한계시록 주석』을 소중하게 지니고 왔다.[41] 장경재 목사(1918~2001)는 박윤선을 스승으로 모시며 가까이서 그를 전폭적으로 지원하며 따른 제자이다. 장경재 목사는 서울 화성교회 담임목사로 그리고 나중에 원로목사로서 박윤선이 교장으로 있는 합동신학교를 적극 지원했으며, 말년에는 이 학교의 이사장으로 봉사하다가 생을 마감하였다.

박윤선은 3월 1일 서울에 도착하여 이태원에서 두어 달 머물다가 한상동 목사를 만나 그의 권유를 받고 5월에 부산으로 갔다. 한상동 목사는 박윤선이 서울에 와 있다는 소식을 듣고 찾아 올라온 것이었다.

---

41) 홍치모, "한국 교회사에 있어서 박윤선의 신학", 『박윤선의 생애와 사상』, 293.

5. 회개 운동과 신학 교육

고려신학교

1946년 5월 20일 한상동, 주남선, 박윤선은 평양신학교의 전통을 잇는 학교를 세우려는 목적으로 신학교 설립 위원회를 구성하고 진해교회 예배당에서 6월 23일부터 8월 23일까지 2개월 동안 신학 강좌를 개설하였다. 수강생은 63명이었다. 그들 중에는 이인재, 손명복, 황철도 등도 있었다. 그들은 아직 조사 즉, 전도사일 적에 신사 참배를 반대함으로 말미암아 옥고를 치른 이들이었다.

초기에 경남노회는 이 일을 적극 후원하였다. 당시 경남노회의 노회장은 주남선 목사였다. 박윤선은 신학 강의를 하는 한편 진해 경화동교회에서 설교 목사로 봉사하였다.

신사 참배를 반대하여 옥고를 치른 한상동 목사와 주남선 목사 등 옥중 성도들은 장차 감옥에서 나가면 평양신학교의 전통을 이어 장로교 신앙과 신학을 잇고 이를 보수(保守)하는 신학교를 설립하는 일이 그들이 해야 할 과제로 생각하고 위하여 기도하였다.

해방 이후에도 자유주의 신학을 지향하는 조선신학교가 장로교 총회의 인준을 받은 신학교로서 여전히 건재할 뿐 아니라, 총회가 신사 참배를 가결한 일을 가슴 아프게 회개하지 않으며 교회의 쇄신 운동에 무관심한 것을 보고 출옥한 이들은 드디어 부산에 신학교 설립을 결행한 것이다.

1946년 9월 17일 신학교 설립위원회는 학교 이름을 고려신학교라고 하고 부산에 있는 일신여학교, 즉 현재의 금성중학교 교실을 빌려 9월 20일 개강하였다. 학제는 예과 2년, 본과 3년, 별과 3년, 여교역자 양성과 3년이었다. 설립자로는 주남선 목사와 한상동 목사의 이름을 올렸다. 얼마 후 한상동 목사가 시무하는 부산 초량교회 부속 건물에서 한 달 반이나 강의하다가 광복동 용두산 공원으로 올라가는 중턱에 있는 큰 이층 건물을 구입하여 이사하였다. 학교는 이 건물을 여러 해 동안 교사로 사용하였다. 교사 건물은 부산남교회와 연결되어 있어서 전국 학생신앙운동(SFC) 수양회 집회 장소로도 활용하였다.

학교는 1956년 봄에 송도 암남동으로 이전하여 정착하게 되었다. 주한 미군 군사원조단(A.F.A.K.)의 물자 원조와 미국 개혁교회(C.R.C.) 교단의 후원과 지교회들의 헌금으로 부산복음병원이 서 있는 같은 부지 안에 교사를 신축하였다.

고려신학교의 설립 목적이 과거 신사 참배에 동참했던 한국 교회의 과오를 회개하고 교계 정화를 이루는 것이었으므로 신학교는 1946년 9월 태동한 직후부터 '성경 중심', '진실 위주, 성령의 감동과 인도하심을 받자'고 주창하며 힘차게 나아가고 있었다.

신학교 위원회는 박형룡 박사를 학교장으로 반드시 영입해야 한다고 생각하였다. 고려신학교가 평양신학교를 계승한 학교라는 명분을 위하여, 그리고 그런 명분을 과시하기 위해서였다. 신학교 위원회는 아직 만주 봉천에 머물고 있는 박형룡 박사를 모셔 오기 위하여 사람을 보내기로 결정하였다. 그러나 38선이 남북을 가로 막고 있어서 남쪽으로 오는 사람들이 사선을 넘다시피 해야 하는 그런 시절에 만주 봉천까지 사람을 보낸다는 것은 쉬운 일이 아니었다. 선뜻 가겠노라고 나설 사람이 없을 것 같았다.

그런데 고맙게도 송상석(宋相錫) 목사가 이를 자원하였다. 여러 교회에서 연보하여 여비를 마련하였다. 만주 연안까지 먼저 배로 가야 하는데 그 시절에 통통배로 가야 하는 뱃길은 험난한데다가 연안에서 봉천까지의 육로는 멀어 시일이 얼마나 걸릴는지 예상할 수 없었다. 박형룡 박사의 귀국이 처음에

예상했던 것보다 더 지연되었다. 신학교 위원회는 무작정 기다릴 수만은 없어서 박윤선을 교장 서리로 세워 학교를 시작하였다.

박윤선은 학교의 시작 단계에 유일한 전임 교수로서 성경신학, 변증학, 교의학 등 여러 분야의 과목을 맡아 교수하였다. 그밖에 한명동 목사가 목회학을, 이상근 목사가 조직신학을, 박손혁(朴遜赫) 목사가 헬라어를 가르치는 강사로 수고하였다. 또한 미국 정통장로교에 소속하고 있는 한부선 선교사가 와서 교수진이 강화되었다.

한부선은 교수로서 학교 강의를 맡아 가르치는 한편, 여러 교회에서 집회를 인도하는 등 학교의 발전과 교회의 부흥을 위하여 많은 기여를 하였다. 그는 한국어를 유창하게 구사하며 한국을 사랑하여 한국인들과 고난을 같이해 온 선교사였다. 개교 후 2년이 지나서 이상근 목사와 박윤선의 조기부대 친구 김진홍 목사가 교수로 취임하였다. 김진홍 목사는 구약과 히브리어를 가르쳤다.

그밖에 선교사로 일하다가 일제 말에 추방되었던 마두원(D. R. Malsbary), 최의손(W. H. Chisholm), 함일돈 선교사들이 다시 내한하여 선교 활동을 재개하는 한편 고려신학교에 강사로 협력하였다.

고신에서 박형룡과 박윤선

기다리던 박형룡 박사와 가족 일행은 송상석 목사의 안내를 받아 마침내 1947년 9월 인천항을 통하여 서울로 왔다. 그가 도착하자 서울에 있는 보수적인 신앙을 가진 목사들이 동요하기 시작하였다. 그들은 한국 교회의 상황을 볼 때 서울에 보수적인 신학교가 꼭 있어야 한다면서 박형룡 박사에게 서울에서 신학교를 하자고 간청하였다. 조선신학교 학생들이 자유주의적인 신학 강의에 불만을 품고 51명이 총회에 진정서를 제출한 일도 있었던 만큼 보수적인 신학교의 설립이 시급한 그런 때였다.

박형룡은 여러 가지 생각 끝에 송상석 목사를 따라 부산으로 가는 것을 보류하고 서울에 머물려고 했다. 하는 수 없이 송상석 목사는 혼자 부산으로 내려가 상황을 보고하였다. 고려파의 지도적인 목사인 송상석 목사가 봉천까지 멀고 험한 길을 생명을 무릅쓰고 간 것 자체가 고려신학교로서는 박형룡에게 최대한의 예로 대한 것이었다. 그러나 그런 모든 노력이 수포로 돌아갈지도 모른다는 위기감에서 한상동 목사가 급히 서울로 가서 박형룡을 만나 처음 계획하고 약속한 대로 고려신학교로 와야 한다고 간청하였다. 박형룡은 마침내 한상동 목사를 따라 부산으로 내려 왔다.

박형룡 박사
고려신학교 교장 취임식
(1947년 10월 14일)

1947년 10월 14일 고려신학교는 부산 중앙교회당에서 박형룡 박사 교장 취임식에 곁들여 박윤선 목사와 한부선 선교사의 교수 취임식을 성대하게 거행하였다.

박형룡의 효과는 당장 나타났다. 경남노회는 처음에 고려신학교의 출범에 적극적으로 동조하고 지원했으나 교회 재건 운동에 반대하는 이들의 영향으로 말미암아 고려신학교에 대한 태도에 일관성이 없어졌다. 경남노회는 1946년 12월 3일에 열린 노회에서 고려신학교를 인정하지 않기로 결정하였다. 그 일로 인하여 한상동 목사는 한 때 경남노회를 탈퇴한다고 선언한 상태에 있었으나 박형룡이 고려신학교 교장으로 취임하자 경남노회가 호의를 보였으므로 한상동 목사는 1947년 12월 9일로 예정된 노회가 열리기 전에 탈퇴 선언을 취소하였다. 노회와 고려신학교의 관계는 다시금 호전되었으며 전국 교회는 고려신학교를 주목하게 되었다.

그러나 박형룡 박사는 부산에 오래 머물지 않았다. 고려신학교로 보아서는 유감스런 일이었다. 고려신학교의 진로에 대한 의견 차이 때문에 1948년 5월 21일 졸업식을 한 달 앞둔 시점에 박형룡은 교장 직을 사임하고 서울로 떠났다. 박형룡이 만주에서 귀국하여 부산으로 가는 길에 서울에 머물렀을 때 그를 만난 많은 인사들이 조선신학교에 대항

한상동, 박윤선, 한부선, 박형룡
(1947년 10월 14일)

할 만 한 새 학교를 세워야 한다고 말하고는, 그런 일이면 서울에서 해야 한다면서 그에게 서울에 있으라고 호소하기를 마지않았다. 그러나 박형룡은 자기를 귀국하게 하려고 많은 비용을 들여 일을 추진한 고려신학교의 열의와 송상석 목사의 노고를 생각하면 신의를 저버릴 수 없어서 당장 그런 호소를 따를 수 없었다. 그러나 이제는 신의만 생각할 때가 아니라고 생각했다.

박형룡은 교회의 재건 운동은 노회와 총회를 기반으로 추진되어야 하며, 교회의 하나 됨을 위하여 지금까지 한국 장로교회를 지지해 온 모든 선교회와의 관계를 계속 유지해야 한다고 생각했다. 그리고 고려신학교만 하더라도 전국적인 지지를 받는 총회 신학교가 되어야 한다고 주장할 뿐 아니라, 한국 장로교회가 당장 회개하지 않는다고 하더라도 참고 기다

려야지 분립을 시도하는 것은 옳지 않다고 말했다.42)

그러나 한상동 목사는 한부선 선교사를 비롯하여 고려신학교를 중심으로 활동하고 있는 선교사들이 속해 있는 미국 정통장로교 선교회 및 독립장로교 선교회와의 관계를 계속 유지하려고 하였다. 그리고 신사 참배한 것을 회개하지 않는 장로교 총회의 지도자들을 신뢰할 수 없다는 이유에서 고려신학교를 할 수 있는 대로 잠정적이나마 총회와는 관계없이 독립적으로 운영하려고 하였다.

박형룡 박사가 떠나자 고려신학교가 한국 교회에서 갖는 비중은 그만큼 반감되었다. 박형룡을 따라 서울에서 부산으로 왔던 34명의 학생들과 함께 모두 약 50명의 학생들이 박형룡을 따라 학교를 떠났다.

1948년 5월에 열린 제34회 총회에서 전남노회로부터 고려신학교에 학생을 추천해도 좋은지를 묻는 질문에 정치부장인 김관식 목사는 "고려신학교는 우리 총회와 아무런 관계가 없으니 노회가 천서를 줄 필요가 없다"는 법적인 유권해석을 내렸다. 그 결과로 1948년 9월 21일 경남노회는 다시금 고려신학교의 승인을 취소한다는 결의를 하였다. 그리하여 경남노회는 실질적으로 두 분파로 분열하게 되었다.

---

42) 김양선, 앞의 책, 159쪽.

1951년 5월 21일 6·25 동란의 와중에 부산 중앙교회에서 열린 장로교 총회는 고려파 측 노회 대표를 총대로 받아들이는 것을 거부하였다. 이에 고려파는 자신들의 노회를 경남법통(法統)노회라고 하고, 이듬해 1952년 9월에 고신 측 노회들이 진주 성남교회(城南敎會)에서 모여 독립 총노회를 조직하였다.

1953년 고려파 총노회에 속한 교회 수는 363개였고, 목사 수는 50명이었다. 1956년에는 568개 교회로 불어났으며 목사 수는 102명이 되었다. 이때의 고려파 교회 수는 한국 장로교회 전체 수의 약 10%에 해당하는 것이었다.

1948년 박형룡이 떠난 후 고려신학교 이사회는 즉시 박윤선을 제2대 교장으로 세웠다. 박형룡이 고려신학교를 떠나면서 박윤선에게 그와 함께 서울로 가자고 했으나 박윤선은 이를 사절하였다. 박윤선은 박형룡과 함께 가지 못하는 것을 유감으로 생각하면서도 이미 설립된 고려신학교를 돌보기 위해 머물러 있었다고 술회한다.[43]

박윤선은 고려신학교가 태동하는 데 결정적인 역할을 했을 뿐 아니라 많은 정력과 애정을 쏟아 학교를 육성하였다. 그리고 많은 신실한 목사 후보생들이 모여들어 그의 강의와 인격

---

[43] 박윤선, "나의 생애와 신학", 『박윤선의 생애와 사상』, 합동신학교 출판부 1995, 34.

적인 신앙 지도를 사모하고 있었으므로 박윤선은 학교를 쉽게 저버릴 수 없었다.

박윤선의 강의는 언제나 열강이었으며, 그의 설교는 늘 뜨거웠다. 신학교 채플 시간은 그냥 부흥회였다. 온 학생들이 뜨거운 열기 속에서 통성으로 회개하고 기도했으며, 주말이면 성령의 불을 안고 그들의 목회지로 향하여 갔다.[44]

회개 운동

해방 직후 감옥에서 살아남은 약 20명의 신사 참배 반대자들은 해방을 맞이하여 자유의 몸이 되자 주기철 목사가 시무하던 평양의 산정현교회로 일단 모여서 한국 교회의 쇄신을 위하여 함께 의논하고 1945년 9월 20일 아래와 같이 기본 원칙을 정하였다.[45]

① 교회의 지도자(목사 및 장로)들은 모두 신사에 참배하였으니 권징의 길을 취하여 통회 정화한 후 교역에 나아갈 것.

② 권징은 자책 혹은 자숙의 방법으로 하되 목사는 최

---

44) 심군식, 『박윤선 목사의 생애』, (도서출판 영문, 1996) 96.
45) 김양선, 앞의 책, 45.

소한 2개월간 휴직하고 통회 자복할 것.

　③ 목사와 장로의 휴직 중에는 집사나 혹은 평신도가 예배를 인도할 것.

　④ 교회 재건의 기본 원칙을 전국 각 노회 또는 지교회에 전달하여 일제히 이것을 실행케 할 것.

　⑤ 교역자 양성을 위한 신학교를 복구 재건할 것.

1945년 11월 14일 평북노회 주최로 선천(宣川) 월곡교회에서 열린 교역자 수양회에서 위의 교회 재건 원칙을 제안하였다. 그러자 1938년 장로교 제27회 총회에서 신사 참배 가결을 하는 데 주도적인 역할을 한 당시의 총회장이었던 홍택기(洪澤麒)는 이러한 원칙에 대하여 반대 발언을 했다. 즉, 옥중에서 고생한 사람이나 교회를 지키기 위하여 고생한 사람이나 그 고생은 마찬가지였다고 하면서, 교회를 버리고 해외로 도피 생활을 했거나 혹은 은거 생활을 한 사람의 수고보다는 교회를 등에 지고 일제의 강제에 할 수 없이 굴한 사람의 수고가 더 높이 평가되어야 한다고 주장했다. 그리고 신사 참배에 대한 회개와 책벌은 하나님과의 직접 관계에서 해결될 성질의 것이라고 주장하였다.[46]

수양회에 모인 대다수의 목회자들이 홍택기의 발언에 동조

---

46) 같은 책, 46.

함으로 말미암아 교회 쇄신을 위한 원칙에 대한 제안은 받아들여지지 않았으며 따라서 죄책 고백도 없었다. 그 후 남북의 분단으로 말미암아 결성된 북한 오도(五道)연합회는 이 원칙을 받아들이기로 했으나 남한의 장로교 총회와 대다수의 교회에서는 이러한 제안을 받아들이지 않았다.

1946년 6월 12일에서 15일까지의 기간에 장로교 총회는 '남부총회'라는 이름으로 서울 승동교회에서 모였다. 이 총회는 신사 참배 건에 대하여는 1938년의 제27회 총회가 신사 참배하기로 한 결정은 합법적으로 가결된 것이 아니므로 무효로 한다는 결의를 하였다. 총회는 이 결의를 1947년과 1954년에 거듭 반복하였다. 즉, 총회는 과거의 과오를 형식상의, 다시 말하면 회의 절차상의 과오로 인정할 뿐이지 하나의 실제적인 역사적인 과오로 인정하지 않는다는 것이었다. 그래서 끝내 신사 참배에 대한 죄책을 온 교회가 공적으로 고백하거나 회개하는 일은 없었다.

회개 운동에 참여한 교회들이 고려파 교회가 되었고 회개 운동은 고려파 교회에서 한동안 계속 진행되었다. 신사 참배를 반대하여 옥고를 치른 이들이나 피신해 다니던 이나 신사 참배 강요에 굴한 이들이 모두 하나가 되어 통회하는 운동이 일어났다. 1945년 12월 3일 해방 후 처음으로 마산문창교회에서 열린 경남노회는 '출옥 성도'를 초청 환영하며 감사예배를 드리면서 일제치하에 범한 한국 교회의 죄를 뉘우치는 회개와 자숙을 결의하였다. 1946년 4월 마산 문창교회는 한상동 목사를 초빙하여 부흥회를 열고 '출옥 성도'들을 위한 위안회를 가졌다. 그 때 문창교회를 담임하고 있던 이약신 목사는 신사 참배를 반대로 투옥되었다가 병보석으로 풀려 나온 뒤 만주로 혹은 시골로 피신하여 다니다가 해방을 맞이하였었다. 그는 출옥한 성도들과 함께 끝까지 옥고를 견디지 못하고 밖에서 피신해 다닌 자신의 나약함을 자책하며 눈물로 회개하며 찬송을 불렀다.[47] 집회에 모인 온 회중이 함께 울며 회개하였다.

> 천부여 의지 없어서 손들고 옵니다.
> 주 나를 박대하시면 나 어디 가리까.
> 내 죄를 씻기 위하여 피 흘려주시니
> 곧 회개하는 맘으로 주 앞에 옵니다.

이러한 회개 운동은 계속되었다. 북한에서 공산 정권의 박해를 피하여 월남한 많은 목사들과 전도사들 및 성도들 가운데 한국 교회 쇄신에 뜻을 같이하는 이들이 고려신학교에 와

---

47) 이효제, 『아버지 이약신 목사』, (서울: 정우사, 2006), 170.

서 신학 교육을 받았다.

고려신학교에서는 큰 회개 운동이 일어났다. 6·25 전쟁이 일어나기 직전이었다. 경건회 시간에 박윤선은 요한복음 21:15-27의 말씀, "요한의 아들 시몬아 네가 이 사람들보다 나를 더 사랑하느냐" 하는 말씀으로 설교하였다. 설교 후 학생들 가운데 누구든지 한 사람 기도하라고 했더니 한 학생이 진정으로 눈물로 회개하며 기도하였다. 그 학생의 기도가 끝나자 뒤를 이어 다른 학생이 기도하였다.

이런 식으로 기도하는 것을 허용했더니 한 사람씩 나와 죄를 자복하고 하나님께 부르짖으며 기도하였다. 공부를 전폐한 가운데 기도는 계속되었다. 모두들 상상도 못할 죄를 고백하며 통회하였다. 성령의 크신 역사로 채플은 눈물과 환희, 감격과 사랑으로 충만하였다. 회개하는 기도의 모임은 한 주간 내내 계속되었다. 회개 운동은 고려고등성경학교로 번져갔으며 드디어 고려 측 교단에 속한 온 교회로 확산되었다. 고려신학교에서 일어난 이 회개 운동은 6·25 동란 중에 부산에 있었던 회개 운동의 불씨가 되었다.[48]

1950년 6월 25일 북의 남침으로 사흘 만에 서울이 함락되고 얼마 후 대구 이남과 낙동강과 마산 이동의 영남 일부를

---

48) 『하나님의 주권과 은혜』, 이근삼 박사 사역 50주년 기념 논집, 1992, 44쪽.

제외한 남한의 온 지역이 북한군에게 점령당하였다. 그 바람에 수많은 사람들이 부산 일대와 제주도로 피난하였다. 정부도 피난해 와 부산은 임시 수도가 되었다. 부산과 경남 일대의 중고등학교들은 군 병원으로 징발되어 학생들은 천막에서 공부해야 했다. 부산으로 피난 온 교역자들은 시내 여러 교회당에서 묵었다. 고려신학교 역시 그들의 숙소가 되었다.

1950년 9월 맥아더가 지휘하는 UN군과 국군이 인천에 상륙하여 북한군의 남침로를 차단하고 9월 28일에 서울을 탈환하였다. 전세는 반전되어 UN군과 국군은 패주하는 북한군을 쫓아 압록강 부근까지 진격하였다.

이 일이 있기 얼마 전에 부산 초량교회에서 피난 온 교역자들의 구국 기도회가 열렸다. 한상동 목사가 담임으로 시무하고 있을 때였다. 강사로는 박형룡 목사, 김치선 목사 그리고 박윤선 목사가 매일 새벽 기도회와 낮 성경 공부 및 저녁 집회를 인도하였다. 성령께서 큰 은혜로 역사하여 집회에 모여든 교역자들이 자신들을 되돌아보고 죄를 회개하는 통회 운동이 일어났다. 가슴을 치며 하나님의 용서와 자비를 비는 기도가 연일 계속되어 집회는 한 주간 더 연장되었다.

회개하는 중에 가장 뼈아프게 뉘우친 죄목은 일제의 강압에 굴종하여 신사 참배를 함으로써 하나님의 첫 계명을 범한 죄였다. 박윤선은 집회 셋째 날 새벽 설교에서 한부선 선교사가 증언한 말을 소개하였다. 즉, 한부선 선교사가 신사 참배를 얼마나 끈기 있게 반대했으며, 그 일로 말미암아 얼마나 고난을 당했는지를 자상하게 얘기하였다.

한부선 선교사는 1938년 제27회 장로회 총회 석상에서 여러 다른 선교사들과 함께 신사 참배 결의에 반대를 표명했을 뿐 아니라, 자신의 사역지인 만주에서도 신사 참배를 반대함으로 말미암아 감옥 생활을 하다가 포로로 교환되어 본국으로 송환되었다.

설교하던 박윤선은 성령의 도우심으로 자기 자신이 신사 참배를 한 죄인이라고 고백하며 회개하였다. 이 간증을 들은 교역자들은 한 사람씩 회개하는 기도를 하여 집회 분위기는 더욱 뜨거워졌다. 박윤선은 그 때의 일을 이렇게 회고한다.

> "이때에 성령의 도우심으로 설교하는 나 자신부터 내 죄를 회개하면서 증거하게 되었으니 감사한 일이었다. 즉, 나도 단 한 번이지만 신사 참배를 한 범과가 있으므로 나는 언제나 그 일로 인하여 원통함을 금할 수 없는데, 이때에 그 죄를 회중 앞에 고백하였던 것이다."[49]

그 다음 집회는 울산, 온산에서 열렸다. 그 곳에서도 큰 회

---

49) 박윤선, 『성경과 나의 생애』, 106.

개 운동이 일어났다. 그 후 박윤선은 한상동 목사와 이학인(李學仁) 목사와 함께 제주도로 가서 서부교회당에서 피난 온 교역자들을 위하여 한 주간 집회를 인도하였다. 이 집회에서도 큰 회개 운동이 일어났다. 박윤선은 UN군이 승리하여 서울을 수복하게 되고 공산군이 38선 이북으로 물러가게 된 사실이 이처럼 교역자들이 자복하고 통회하는 일이 있은 후에 있게 된 데 대하여 하나님께 감사와 찬송을 드린다고 간증한다.[50]

고신의 신학적 입장

6·25 전쟁이 일어난 이후 신학의 자유를 지향하는 측과 전통적인 신학을 보수하려는 측의 대립과 교회 쇄신에 대한 찬반의 대립으로 인한 교회 분열의 틈새에서 그릇된 신비주의 운동과 방언 운동 등 이단과 신흥 종교가 우후죽순처럼 돋아났다. 이러한 현상은 혼란스럽고 불안한 사회 정황을 반영하는 것이었다.

박윤선은 그러한 현상을 이렇게 설명했다. 해방 이후 지역 교회들이 해마다 몇 차례 사경회를 하거나 또는 부흥회를 하

---

50) 같은 책, 107.

는 정도였을 뿐, 비록 교회와 교인들의 수는 증가되고 있었으나 한국 교계가 개혁교회의 특징이라고 할 수 있는 성경 교육, 다시 말하면, 일반 성도들에게 성경을 체계적으로 가르쳐서 진리를 깨닫게 하는 작업을 제대로 하지 못한 데서 일어난 현상이라는 것이었다.[51]

이단들 중에서 세력을 이룬 것이 박태선(朴泰善)의 전도관, 문선명(文宣明)의 통일교, 나운몽(羅雲夢)의 용문산 기도원 운동 등이다. 이들은 미혹하는 큰 세력을 이루어 한국 교회와 사회에 심대한 혼란과 손해를 안겨주었다.

자칭 "동방의 의인"이라고 하고 "감람나무"라고도 하는 박태선은 점차로 적그리스도적인 미혹하는 자의 본색을 드러내었다. 그는 자기의 발 씻은 물을 생명수라고 하는가 하면 마침내 신앙촌을 건립하여 추종하는 신자들의 재산과 노동을 착취하여 기업을 형성하였다. 그를 추종하는 많은 사람들이 패가망신하고 신앙촌에서 노예처럼 살았다.

문선명은 자신의 원리강론(原理講論)을 신구약을 완성하는 '성약(成約)'이라고 하는가 하면, 자신을 가리켜 '재림주' 또는 '문예수'라고 하였다. 그는 추종자들의 헌신을 통하여 막대한 부를 축적하고 수십에 이르는 단체를 조직하여 역사상

---

51) 박윤선, 『성경과 나의 생애』, 99

보기 드물게 괴력을 발휘하는 적그리스도적인 신흥 종교의 교주가 되었다.

나운몽(羅雲夢)은 용문산에 기도원을 건립하여 "입신, 방언, 예언, 환상, 진동, 신유, 신비 체험을 했다."라고 하고서 나중에 유교와 불교가 기독교 복음 안에서 조화되는 것이 천국이라고 하는가 하면, 진리는 형에 있지 아니하고 질에 있으므로 진리이면 유교나 불교나 기독교가 하나가 된다고 하면서 혼합 종교를 주창했다.

박태선의 경우를 보면, 처음에 교계의 유력한 목사들이 조직을 갖추어 그를 20세기의 대부흥사로 떠받들었으며, 백여 명의 목사들이 그에게서 안수 기도를 받는 등 신학 부재의 무분별한 처신으로 더 많은 사람들이 부흥회에 모여들어 미혹을 받게 되었다. 그리고 문선명에 대한 한국 교회의 대처는 1960년대까지 미온적이었으며, 자유주의 신학자 서남동은 통일교를 한국적인 기독교라면서 예찬하기까지 하는 그러한 상황에서, 고신 측 교단 교회들은 신비주의 운동이나 방언 운동에 흔들림이 없이 박윤선이 가르치는 대로 칼빈주의를 지향하고 개혁 신앙에 충실하려고 했다.

한국 장로교 총회 측 교단은 1959년 WCC에의 가입 문제를 두고 찬반으로 의견이 나뉘어 대립함으로 말미암아 분열하기에 이르렀으며, 다른 교파 교회들도 1960년대 초에 WCC 가입 문제를 두고 분열하였다. 박윤선은 WCC에 대하여 반대 의사를 이보다 약 10년이나 일찍 분명하게 표명하였다.

박윤선은 1950년 4월에 발간한 소책자 『대한예수교장로회는 어디로 가나?』에서 기독교연합운동에 대하여 다음과 같은 의견을 피력하고 있다.

> "우리 장로회는 세계기독교연합회에 참가하고 있습니다. 그런데 이 회에 참가하고 있는 것이 우리 장로교 교리에 위반인 것입니다. 그 이유는 위의 세계기독교연합회의 움직임이 전통적인 정통주의 그대로가 아니기 때문입니다. 그것이 정통주의가 아닌 사실은 누구나 다 인정합니다. 우리의 장로교회더러 그 옳지 않은 회(세계기독교연합회)와 보조를 같이 하며 합류하라고 가르치는 분들도 그것을 자증하고 있습니다.……"[52]

박윤선은 세계기독교연합회에는 신신학자, 위기신학자, 사회 복음주의자 등이 주도하고 있다고 말하고 세계기독교연합회의 주요한 목적은 세계 교회의 교제를 위하는 것이기보다

---

52) 박윤선, 『대한예수교장로회는 어디로 가나?』, 1950, 18.

는 세계 교회의 진로를 교도(敎導)하려는 것이라고 했다. 그들은 서서히 교회의 실권을 장악한 이후 세계 교회를 지배할 것이라고 하였다.

WCC 지도부의 신학적인 경향은 세월이 지나면서 처음에 박윤선이 경고한 것보다 그리고 보수적인 교회들이 염려했던 것보다 훨씬 더 급진적으로 좌경의 방향으로 발전하였다.

WCC는 1960년대 후반부터 경건주의식 영혼 구원의 선교를 지양하고 모든 종교에서 소위 기독교적인 요소를 발견하게 한다는 '하나님의 선교'(missio Dei) 이념을 말하며 교회의 사회 참여를 첨예화하였다. 1970년부터는 본격적으로 타종교와의 대화를 지향하고 발전시켰으며, 1970년대 중반부터 종교 다원주의 사상을 펼치기 시작하였다.

WCC는 본래 선교를 위하여 결속된 국제 선교대회에서 발전된 기구이다. 각 교파 교회들이 신앙고백과 교리를 내세워서는 교회 연합이 불가능하므로, 교리를 덮어둔 채 공통적인 주제인 선교를 논함으로써 교회 연합의 이상을 실현하려고 했다. 그러다 보니 보편주의적인 선교 신학을 추구하게 된 것이다. 선교를 위하여 교회가 연합적으로 일해야 할 필요에서 교회 연합, 즉 '에큐메니즘'을 말하던 것이 마침내는 '에큐메니즘'을 위한, 그리고 그것에 봉사하는 선교를 논하게 되었다. 다시 말하면, 선교를 에큐메니즘의 시각으로 이해하고 에큐메니즘은 선교로 환원시켜 이해한다.

교리를 덮어둔 채 교회의 일치를 지향하는 WCC의 초교파적 보편주의 선교 신학은 '초종교적'(超宗教的)인 보편주의로, 즉 종교 다원주의로 발전하였다. 종교 다원주의는 기독교 생성의 역사를 성경이 말하는 대로 이해하지 않고 비판적인 시각에서 재구성하려는 역사주의를 수용하거나 거기에 집착하면서 기독교의 종교성을 추구하는 자유주의 신학의 종착점이다. 기독교가 역사적인 종교임을 간과하고 예수 그리스도의 역사성을 부인하고 보면 기독교에 남는 것은 윤리적인 교훈과 종교성뿐이다. 그러나 그런 것은 다른 종교의 것과 대동소이하므로 자유주의 신학자들은 어렵지 않게 기독교를 타종교와 대등한 종교로 인식함으로써 종교 다원주의를 지향한다.

박윤선뿐 아니라 미국의 '복음주의자협의회'(NAE)와 세계복음주의자협회(WEF)와 관계를 맺고 있는 한국의 보수적인 목사들은 WCC를 신뢰하려 하지 않았다. 그렇게 된 데에는 국제기독교연합회(ICCC)의 회장인 근본주의자 맥킨타이어(Carl McIntire)의 영향도 컸다.

박윤선은 위에서 언급한 1950년의 소책자에서 국제기독교연합회에 대하여 아주 우호적으로 기술하고 있다.

"위의 세계기독교연합회의 비(非)를 아는 선진 국가의 교회(미국교계)에서는 벌써 거기에 항의하는 의미에서 한 세계적 단체를 조직하고 명랑한 진리의 깃발을 날리고 있습니다. 이 귀한 단체의 명칭은 국제기독교연합회라고 합니다. 이 단체의 주장은 순연(純然)한 재래 복음주의 신학을 보수하자는 데 있습니다. 이 주장에 공명하는 교파들이 많이 일어나 벌써 29개국에서 온 61교파 대표가 결합되어 있습니다."[53)

고려파 교회와 총회파 교회의 일부 보수적인 목사들은 한때 맥킨타이어와 가까운 관계를 유지하였다. 맥킨타이어가 주도하는 국제기독교연합회는 미국 필라델피아에서 열리는 제2차 국제 대회에 참석해 달라는 초청장을 고신 교단에 보내왔다. 대회 개최 일자는 1954년 8월 3일부터였다. 초청을 받고 이약신, 박손혁, 한상동, 그리고 박윤선 네 목사가 그 대회에 참석하러 미국으로 가서 3개월간 체류하였다. 박윤선은 미국에 두 번이나 유학을 갔었고, 이약신 목사는 1937년 호주 장로교 100주년 기념대회에 한국 장로교회의 대표로 초청을 받아 호주에 가서 약 6개월간 체류한 경험이 있었으므로 그 두 사람에게는 미국행이 처음 경험하는 해외 나들이가 아니었으

---

53) 같은 책.

나, 한상동 목사와 박손혁 목사에게는 초행길이었다.54)

국제기독교연합회 제2차 대회에는 24개국에서 온 대표들이 참석하였다. 한상동 목사는 만찬회 자리에서 한국 교회의 근황을 박윤선 목사의 통역으로 얘기했다. 의장인 맥킨타이어의 고마운 배려에 일행은 마음이 뿌듯했다.

그들이 미국에 체류하는 동안에 경험한 가장 중요한 사건은 박윤선 목사와 한상동 목사가 명예 신학 박사 학위를 받은 일이었다. 그 때는 페이스신학교(The Faith Seminary)가 학교로서 무난히 구실을 할 때였다. 학위는 1954년 9월 필라델피아 페이스신학교가 개강 예배를 드리는 자리에서 수여되었다.

박윤선 목사에게는 그가 칼빈주의에 충실한 신학자로서 고려신학교를 이끌며 성경 주석의 저술 활동으로 한국 교회에 공헌하고 있는 영향력 있는 신학자이므로 수여한다고 했으며, 한상동 목사에게는 신사 참배를 반대하여 옥고를 겪고 고려 교단을 이끄는 한국 교회의 지도적인 목회자로서의 공로를 치하하여 학위를 수여한다고 했다.

한상동 목사는 박윤선 목사가 박사 학위를 받는 것은 지극히 당연한 일이지만 자기가 받는 것은 "한국 교회가 웃을" 당치 않는 일이라고 하며 극구 사양했다. 그러나 주위의 강권에

---

54) 이효제, 『아버지 이약신 목사』, 134-143.

못 이겨 마침내 박윤선과 함께 명예 신학박사 학위를 받았다.

맥킨타이어가 고신 교단의 지도적인 두 사람에게 명예박사 학위를 수여한 것은 한국에서 자신의 영향력을 행사할 수 있는 교두보를 확보하기 위한 계획 가운데 하나였을 것이라고들 말한다.

대한예수교장로회의 일부 목사들은 1960년과 1962년에 분립하여 대한예수교성경장로회와 대한예수교호헌장로회를 각기 조직하고 근본주의 신앙을 표방하면서 국제기독교연합회에 가입하였다.[55]

고신 교단은 국제기독교연합회가 지나치게 근본주의적인 경향으로 치달으므로 재정적인 원조 제의도 거부하고 공식적인 관계는 가지지 않았다. 그러나 고신 교단이 분립한 바로 직후에 근본주의적이며 분리주의적인 성향을 가진 국제기독교연합회와 우호적인 유대 관계를 가진 것은 고신 교단의 이미지를 위하여 득이 되지 못한 일이었다. 말하자면, 분리주의적인 교단이라고 비난받을 수 있는 빌미를 제공한 셈이었다.

박윤선이 보수적인 개혁주의 신학자로서 WCC를 일찍이 반대하고 경고한 것은 잘 한 일이었으나 ICCC가 WCC를 대체할 수 있는 교회 연합 기구로 본 것은 적중하지 못했다.

---

55) 『한국기독신교연감』, 1964, 292쪽 이하 참조.

화란 유학

1953년 11월 2일 박윤선은 화란 자유대학교로 유학의 길에 올랐다. 칼빈주의 신학적 입장에서 일관성 있게 주석을 하려면 칼빈주의 신학 지식이 필요하다는 생각에서 그는 화란 유학을 지망하였다. 1938년 그가 두 번째로 웨스트민스터신학교에 가서 변증학을 연구하며 칼빈주의 신학을 어느 정도 공부한 것이 성경 주석에 큰 힘이 되는 것을 경험하였으므로 그는 더 큰 기대와 포부를 가지고 화란으로 갔다.

박윤선은 옛날 웨스트민스터신학교 시절에 틈틈이 화란어를 자습하여 화란 신학자들의 글을 읽고 있었다. 그가 화란어 공부를 자습하게 된 동기는 워필드와 함께 3대 칼빈주의 신학자인 카이퍼와 바빙크가 화란 사람이므로 그들의 신학을 깊이 이해하기 위해서는 화란어 습득이 필수적이라는 생각에서였다. 박윤선은 카이퍼, 바빙크, 흐로쉐이드, 흐레다너스, 스킬더 등의 저서들을 접하게 되었으며, 특히 바빙크의 『개혁교의학』을 애독함으로 말미암아 성경을 개혁주의 신학의 바탕에서 해석하는 기쁨을 맛보게 되었다.[56]

---

56) 박윤선, 『성경과 나의 생애』, 75.

부인을 여의고

그러나 그는 애석하게도 유학을 중도에 그만 두지 않으면 안 되었다. 1954년 3월 화란에서 공부를 시작한 지 겨우 반년이 되었을 때 부인 김영선이 사망했다는 비보를 듣게 되었다. 그는 즉시 공부를 중단하고 황급히 귀국하였다. 부인은 애석하게도 교통사고로 아직 성년이 되지 못한 5남매의 자녀를 남겨 둔 채 소천하였다. 박윤선의 비통함은 이루 형언할 수가 없었다. 그는 비통함을 하나님께 호소하며 통곡하였다. 박윤선은 돌아와서 먼저 미 해병 사령부에 편지하여 아내를 치어 죽게 한 트럭 운전병을 선처해 주도록 부탁하였다.

부인은 가난한 살림을 꾸려가면서 자녀들을 키우며 남편이 공부하고 강의하는 일에 전념할 수 있도록 정성껏 뒷바라지한 반려자이며, 똑똑하고, 유능하고, 자애로우며, 생각이 깊은 훌륭한 그리스도인으로 알려진 사랑스런 부인이었다. 아내를 잃고서 박윤선은 일에 너무 열중하느라 가정을 잘 돌보지 못한 것을 자책하였다.[57]

박윤선은 부인을 여의고부터 말할 수 없이 비참해진 가정을 겨우 지탱하며 이끌어 가다가 7개월 후 그 해 10월 하순에

---

57) 같은 책, 108.

이화주(李和主)와 재혼함으로써 가정을 다시 세울 수 있었다.58) 이화주는 박윤선에게서 배운 이로 고려신학교를 졸업하고 부산 남교회에서 여전도사로 봉사하고 있던 미혼녀였다. 한상동 목사가 그를 잘 알고 있었으므로 중매를 섰다. 한상동 목사가 해방 직후 잠시 평양 산정현교회를 담임했을 때 이화주는 그 교회 교인이었다. 이화주는 오직 박윤선의 사역을 돕겠다는 일념으로 결혼하여 전 부인이 두고 간 자녀들과 가난한 살림을 맡아 남편을 보필하였다. 박윤선은 새 부인과의 사이에서 세 자녀를 두었다.

박윤선은 1946년 6월 진해에서 하계 신학 강좌를 시작하여 고려신학교를 설립하고 여러 과목을 맡아 많은 시간을 강의하였다. 그는 고신 신학의 기초를 놓은 신학자로 인정을 받고 목회자들로부터 존경을 받았다. 그러나 그의 신분과 명성과 역할에 비하여, 그리고 그를 돕기로 한 목회자들이나 그가 길러낸 목회자들에 비하여 그는 턱없이 초라하게 대접을 받으며 너무나 가난하게 살았다. 일곱 식구가 교회 관리인이 살던 작은 집에 살았을 뿐 아니라 두 달 석 달씩 밀린 봉급을 받는 것은 예사였다.

---

58) 같은 책, 107.

대다수의 사람들이 다 가난하게 살 때의 일이라고는 하지만 애석한 일이었다. 하기는 고려신학교 뿐 아니라 다른 신학교에서도 교수 봉급을 미루었다가 주는 그런 일은 1960년대 후반까지도 드물지 않게 있었다. 신학생들 거의 모두가 너무 가난해서 그랬을까. 여하튼 신학교는 교회에 속한 기관 중에 가장 가난한 공동체였다. 대부분의 학생들이 가난한 가운데서 공부하며 교회를 섬겼다. 어떤 학생은 영양실조로 생명이 위태로운 지경에 이른 적도 있었다.

그런데 정통 신학 교육의 중요성을 인식하고 강조하는 목회자들과 그들이 목회하는 후원 교회들이 신학교를 어떻게 그런 식으로 운영하고, 교수를 왜 그 정도로 밖에 대우하지 못했을까 하는 점은 한 번 생각해 볼 일이다.

문화에의 적응과 합리성을 추구하는 소위 자유주의적이며 진보적인 조선신학교에서는 교수들에 대한 대우가 보수적인 신학교에 비하여 월등히 높았다. 그것은 아마도 조선신학교가 1955년에 대학 인가를 받은데 비하여, 보수적인 장로교 신학교에서는 1970년대 초에야 대학인가를 받은 것 하고도 무관하지 않을 것이다. 신앙과 현실 생활을 이분하는 사고와 자세 때문에 사회적인 상식이 결여되고 문화에 대한 적응력이 뒤진 데에서 온 현상이라고 설명해야 할 것 같다.

화란 유학에서 거둔 소득

박윤선의 자유대학 유학 생활은 그가 잊을 수 없다고 할 정도로 고달팠다. 50을 바라보는 나이에 가족과 떨어져 이국의 한 초라한 방에 살면서 때로는 배고픔도 경험하며 지내는 생활이 서글펐을 뿐 아니라, 두고 온 가족이 경제적으로 어려움을 겪는다는 소식은 견디기 힘든 괴로움이었다. 게다가 연일 계속되는 궂은 날씨는 그를 답답하고 울적하게 만들었다. 사방을 둘러보아도 산이 보이지 않고 평지뿐인 나라에서 살자니까 간 곳마다 산을 볼 수 있는 조국의 수려한 풍경을 떠올리며 향수에 젖곤 하였다. 산을 보면 거기 가서 기도하고 싶은 생각이 든다는 박윤선이었기에 더욱 그랬을 것이다. 그러한 상황에서 현지 교회가 위로가 되어줄 법도 한데 그렇지 못했다. 화란 개혁교회의 분위기가 영적으로 뜨겁지 않고 메말라 있는 것 같아서 실망이었다. 더욱이 낙심이 되는 것은 화란 교회가 별로 기도를 하지 않는다는 사실이었다.[59]

화란 교회 교인들은 초월하시는 하나님에 대한 신앙은 있으나 내재하시는 하나님, 지금도 살아계셔서 나와 동행하시는

---

59) 서영일, 앞의 책, 261이하.

하나님에 대한 신앙은 빈약한 것이 사실이었다. 후에 한상동 목사가 화란을 방문하여 '나와 함께 하시는 주님'에 대한 간증을 했을 때 화란 사람들이 좀처럼 들어보지 못하던 이야기라면서 아주 희한하게 여겼다고 한다.

박윤선은 화란에서 겪는 생활 여건과 교회의 분위기가 실망스럽더라도 이를 극복하고 공부하는 일에 전념하기 위하여 성령께서 도와주시도록 기도하면서 마음을 다지고 아내와 가족을 보고 싶은 마음을 억눌렀다. 그런 것이 그가 아내에게 보낸 편지에 역력히 나타나 있다.

"나를 위하여 기도만 하고 돌아오기를 기다리지 마시오. 주님이 허락하시면 돌아갑니다. 성령 충만히 받기 전에는 안 돌아갑니다. 성령 충만히 받지 못하면 교회에 나서지 않는 것이 오히려 유익합니다. 하나님이 나와 같이 하시면 가족을 만나 보는 것보다 좋습니다. 당신도 나를 만날 날을 도무지 기다리지 마시오……편지를 너무 기다리지 마시오. 무소식이 희소식입니다. 그러나 내게는 편지를 종종 하시오. 나는 너무 외롭습니다."[60]

멀리 떨어져 있는 사랑하는 아내에게 이렇게 편지를 쓰다니. 그가 정말로 그 누구도 하나님보다 더 사랑하면 안 된다

---

60) 심군식, 앞의 책, 122.

고 생각하고 그것을 실천하려는 사람이어서 그렇게 쓴 것이었을까? 그렇지는 않을 것이다. 아내와 자식들을 보고 싶은 절실한 심경을 토로한 반어법의 표현일 것이다.

박윤선은 나중에 비록 화란 생활은 어려웠고 체류 기간은 짧았으나 많은 유익을 얻었다고 회고한다. 화란어의 독해력이 증진하게 된 것도 소득이었을 뿐 아니라, 화란 신학을 좀 더 익히 알게 됨으로 말미암아 그의 신학 사상은 개혁주의 바탕에 견고하게 기초를 두게 되었으며, 그것이 또한 고신 신학의 기초가 되었다.

박윤선이 화란 유학의 물꼬를 텄음으로 말미암아 이근삼 목사가 1958년~1962년 암스테르담 자유대학교에 유학하게 되었다. 그 후 이근삼을 통하여 1960년대 초반부터 차영배, 허순길 등 많은 제자들과 후학들이 화란의 캄펜으로 혹은 츠볼레로 가서 공부하게 되었으며, 나중에는 남아공에 있는 화란계 신학교로 유학을 가게 되었다. 그리고 그들을 통하여 고신 교단은 화란의 삼일조 개혁교회와 돈독한 관계를 맺게 되었다. 한국신학대학 출신들이 주로 독일에서 유학하여 독일 신학의 영향을 받아온 것과는 대조가 되는 일이다.

실의와 좌절

암스테르담 자유대학교에서는 부인의 갑작스런 사망으로 인하여 귀국한 박윤선에게 통지문을 보내왔다. 그가 논문을 끝내고 소정의 시험을 통과하면 학위를 수여하기로 교수회가 결정했다는 통보였다. 그의 지도교수 스키퍼스(Schippers)가 이 사실을 박윤선에게 알려 주었다. 그것은 특별한 배려였다. 박윤선이 쓰기로 한 논문 제목은 "신약과 이교 사상"(The New Testament and Paganism)이었다.

그로부터 약 6년 후 박윤선은 논문을 제출하였다. 1959년 12월 26일 그는 화란으로 가기 전에 먼저 논문을 보완하기 위하여 미국 필라델피아로 가서 웨스트민스터신학교 도서관에서 참고 자료를 찾아 보충하고 1960년 6월 논문의 영문 초안을 암스테르담 자유대학교로 보냈다.

얼마 후 그는 학교로부터 뜻밖의 소식을 들었다. 학교에서는 그의 논문이 교수진이 요구하는 학문적 기준을 만족시키지 못 한다는 데 의견의 일치를 보았다면서 아래와 같은 위로의 말과 함께 통보를 보내 왔다.

"당신의 남은 생애 동안 당신의 사역을 한국에서 확장 시켜서 젊은 세대의 학생들이 당신이 하던 일을 이어 받을 수 있도록 하는 편이 좋겠다는 것이 우리의 견해입니다."[61]

박윤선은 이 편지를 받고 실의에 빠졌다. 그것은 너무나 기대 밖의 쓰라린 소식이었다. 암스테르담 자유대학교에서는 그의 논문의 최종판이 아니라 초역의 일부만 받고 내린 결정이어서 그는 더욱 실망하였다. 하기는 불과 5개월의 화란 체류 기간은 대학의 학풍을 이해하거나 교수들이 학위 논문에서 어떤 것을 어떤 수준으로 요구하는지 파악하는 데에는 너무 짧은 기간이었다. 그는 논문의 주제와 내용을 두고 지도 교수와 상의하고 그의 지도를 받고 수정도 받으며 상호 교감도 가졌어야 했는데 그러지를 못했다. 사실 교수의 지도를 받지 않고 나름대로 논문을 써서 통과를 본다는 것은 거의 기대할 수 없는 일이다.

그의 논문에는 독창성이 결여되어 있었다는 얘기도 있고 문헌 인용에 치밀성과 정확성이 결여되어 있었다는 얘기도 있다.[62] 아마도 논문의 결정적인 결함은 논문의 성격과 방향에 대한 잘못된 이해에서 비롯되었던 것이다. 지도 교수는 신약과 그 시대의 이교 사상을 다룰 것으로 기대했는데 박윤선

---

61) 서영일, 앞의 책, 267.
62) 서영일, 앞의 책, 267.

은 신약과 유교, 천도교, 불교 등 동양 사상을 비교 연구한 것인 것 같다.63) 이교 사상이라면 일반적으로, 특히 유럽인들에게는 희랍·로마 세계의 사상을 의미하는 것인데 박윤선은 그 점을 파악하지 못했던 것 같다. 지도 교수와 자주 접촉을 하면서 상의하고 비평과 조언을 받으며 주제를 두고 고민하고 했다면 논문의 방향은 바로 잡았을 터인데 그러지 못했으므로 참담한 결과가 초래되었던 것이다.

박사 학위를 위하여 제출한 그의 논문에 창의성이 결여되었다고 하여 그의 학문이 전체적으로 다 그런 것이라고 평가하는 것은 옳지 않다. 많은 강의와 설교에, 그리고 성경 주석에 시간과 정력을 쏟으면서 창의적인 학위 논문을 쓴다는 것은 기대하기 어려운 일이다. 그는 다른 사람들처럼 하나의 논문에 매달려 여러 해 세월을 보내며 연구하는 그런 여유를 갖지 못했다. 그에게 주어진 과업은 그보다 훨씬 더 급박하고 방대한 것이었다.

박윤선은 전 생애를 그리스도를 위해 학문하는 삶을 살았다. 그는 상상을 초월하는 분량의 글을 쓰고 성경 주석과 책을 저술하며 많은 제자들을 교육하고 설교와 교훈과 경건 생활로 수많은 사람들에게 감동을 준 한국 신학의 개척자로 살

---

63) 심군식, 앞의 책, 133.

왔다. 그렇다면 그의 삶 자체가 창조적인 삶이었다고 아니할 수 없다.

박윤선은 설교하고 교수하는 가운데 많은 잠언을 남겼다. 창의성이 없이는 잠언, 즉 지혜로운 말을 할 수 없는 법이다. 합동신학대학원의 박형용 교수가 박윤선의 잠언을 수집하여 소개하는 글은 이를 말해 주는 의미 있는 글이다.[64]

---

64) 박형용, "박윤선 박사의 잠언적 교훈", 『박윤선의 생애와 사상』, 254~281.

6. 진실 추구와 쓰라린 고립

갈등과 결별

 박윤선은 고려신학교를 설립하는 일에 참여하였으며 고신 측 교회를 세우고 목회자들을 육성하는 일에 헌신했으나 1960년 고려신학교를 떠나야 했다. 박윤선이 주일에 본국으로 귀국하는 한 선교사를 배웅한 것이 물의를 빚게 되어 학교를 물러나게 된 것이다.

 그러나 박윤선으로 하여금 고려신학교를 그만 두게 한 상황은 이미 그 이전부터 조성되고 있었다. 교회 재산을 위한 소송 문제가 교회 정치 문제가 되었던 것이다. 박윤선은 소송을 반대했으나 소송은 불가피한 것이라는 견해가 대세가 되면서 그의 입지는 약화된다가 주일 성수 문제로 추궁을 받다가 마침내 고려신학교 교장 직을 해임당하고 교수직도 정직을 당하여 고려신학교를 떠나게 되었다.

예배당 소송 문제

1952년 9월에 고신 측의 분립을 필두로 한국 교회에 분열과 분립이 있을 때마다 여러 지교회에서 분쟁이 일어났다. 양측으로 나뉜 교인들이 예배당을 서로 차지하기 위하여 싸움을 벌였다. 대한예수교장로회 지교회의 재산은 법적으로 총회 재산으로 등록되어 있었으므로 총회 측을 지지하는 교인들은 비록 소수일지라도 유리한 입장에서 재산에 대한 법적 권리를 주장할 수 있었다. 그러나 반대 측 교인들은 교회 재산은 원리적으로는 교인들의 것이라는 입장에서 이에 맞섬으로 말미암아 서로가 교회 재산권을 주장하는 법정 공방을 벌였다.

한상동 목사는 부산 초량교회를 담임하고 있을 때 자신을 지지하는 교인들이 다수였음에도 불구하고 초량교회 예배당을 순순히 내주고 나와서 삼일교회를 세웠다. 그러나 계속되는 분쟁과 총회 측의 건물 소유권 주장에 고신 측의 많은 교회들이 그냥 양보하려고만 하지는 않았다.

한국 교회 분열 역사에서 교회 분쟁의 첫 사례가 마산문창교회의 것이다. 마산문창교회에서는 대치하게 된 양측이 오랜 법정 투쟁 끝에 법원의 중재로 교회 재산을 분할함으로써 타결을 보았다. 법적으로 재산권을 소유하고 있는 총회에 속한 교인들이 예배당을 차지하고 고려 측 교인들이 교회에 속한 의신유치원을 차지한다는 조건을 피차가 받아들임으로 말미암아 근 15년이란 세월 동안 끌어왔던 소송이 종결되었다. 그리하여 고려 측 교인들은 본 교회당을 떠나야 하는 불이익을 감수하고 의신유치원 부지에다 예배당을 짓고 마산 제1문창교회로 분립하였다.

그러나 1959년의 합동 측과 통합 측의 분열로 인한 승동교회의 분쟁에서는 교회 재산권이 미국연합장로교 선교부에 속해 있었으므로 다수의 합동 측 교인들이 법정에서 그 사용권을 인정받았다. 그리고 1970년대 초에 미국연합장로교 선교부로부터 재산권을 양도 받았다. 선교부가 통합 측과 유대관계에 있었으므로 재산권 양도는 통합 측의 양해와 협조로 이루어졌다.

마산문창교회에서 처음 분쟁이 일어났을 때 수개월 간 양측은 같은 예배당에서 동시에 따로 예배한다면서 각기 다른 찬송을 불러댔다. 한 편에서 "만세 반석 열린 곳에……" 하면서 소리 질러 부르면, 다른 편에서는 "내 주는 강한 성이요……" 하는 찬송으로 맞받아쳤다.

목사 두 사람이 서로가 강도상을 차지하려고 서서 버티는가 하면 힘깨나 쓰는 신자들은 강단으로 올라가 상대방의 설교자를 끌어내리느라 몸싸움을 벌였다. 이를 보는 혈기 왕성한 교인들은 서로에게 욕설을 퍼붓다 못해 주먹질을 하거나 서로를 메다꽂으며 싸움판을 벌였다. 싸움을 말리려 급히 출동한 순경들이 호각을 불며 구두를 신은 채로 예배당 안으로 들이닥쳤다. 당시는 예배당 안에서는 신을 벗고 마룻바닥에 앉아 예배하던 때였으므로 교인들은 순경들의 돌입에 경악하며 사태가 그 지경에 이르게 된 것을 개탄하였다.

때로는 양측의 교인들은 각자의 목사 사택이나 장로 댁에 새벽부터 모여 다시금 있게 될 싸움에 대비하여 작전을 짜기도 했다. 거기에는 청소년들도 동원되었다. 마치 성탄절에 마을을 돌며 크리스마스 찬송을 부르기 위해 떠나기 직전과 같은 분위기였다. 모두들 흥겨워하며 들떠 있었다. 여자 집사들은 노래 대원들에게 하듯이 청소년들에게 따끈한 국밥을 끓여 먹이며 잘 싸우도록 격려했다. 예배당 분쟁은 마침내 법정 투쟁으로 발전하였다.

고신 측 교단에는 예배당 소송에 반대하는 이들이 있어서 찬반의 토의와 대립은 결국 교단의 균열을 초래하였다. 소송 사건이 장기화되자 고신 교단에 속한 서울과 경기 지방에 있는 교회로 구성된 경기노회가 소송을 반대하여 1957년 10월 7일의 임시노회에서 고신 교단 총회로부터의 행정 보류를 선언하였다. 그 이듬해 1958년 9월 고신 총회는 보류노회의 소송 반대 헌의를 받아들이지 않을 뿐 아니라 노회회원권을 인정하지 않음으로 말미암아 보류노회는 독립노회가 되었다.

경기 노회가 행정 보류를 결행하도록 불씨를 지핀 이는 박윤선이었다고 할 수 있다. 그는 일찍부터 예배당 재산 문제로 소송하는 문제를 반대하였다. 박윤선은 자신이 교단 신학교의 교장이요, 교단 지도자의 한 사람이라는 의식에서 자신의 견해를 분명히 밝혔다.

세상 법정에서 믿음의 형제들이 서로 소송을 제기하는 일이 고린도전서 6:1-8의 말씀에도 위배될 뿐 아니라 덕을 세우는 일에도 좋지 않으며, 회개 운동으로 경건한 삶을 지향하려고 출발한 고신 교단의 명분과 위상을 흐리게 하므로 소송은 불가하다고 역설하였다.

그러나 마산문창교회의 송상석 목사는 이에 대하여 반론을 폈다. 소송은 신학교에서 다룰 문제가 아닐 뿐 아니라, 교회 헌법이 소송을 금하고 있지 않으며, 소송은 국법에 따라 정당한 권리를 보호받거나 방어하기 위한 수단이라고 했다. 그리고 예배당 문제로 소송을 하는 것은 물질을 사랑해서가 아니고 하나님의 전(殿)을 향한 열심에서 하는 것이라고 하며, 고린도전서 6장의 말씀에 대하여는 해석을 달리 하였다. 즉, 본문에서는 믿는 형제들끼리 소송하는 일을 삼가라고 말씀하고 있으나, 소송을 실제로 걸어오는 사람들을 형제로 간주할 수 없다는 것이었다. 만일 마산문창교회를 내어주면 경남 일대의 수많은 나머지 예배당을 내어주는 결과를 초래할 것이라고 하면서 법정 투쟁을 해서라도 예배당을 지켜야 한다고 주장했다.

여러 차례의 논박 끝에 박윤선은 대세가 소송을 찬성하는 쪽으로 기울어졌음을 감지하게 되었다. 사람들은 소송 문제로 인하여 입게 되는 건덕의 손상보다는 그 문제를 두고 벌이는 오랜 격론으로 인하여 초래될 교단의 불화와 균열을 더 염려하게 되었다. 교단의 지도적인 목사들은 물론이고 심지어 예배당을 내어 주고 나온 한상동 목사마저도 교단의 화합을 중요시하는 나머지 박윤선의 주장에 대하여 점차로 냉담한 반응을 보였다.

박윤선은 신학교가 교회들의 관심과 지원도 충분히 못 받는데다가 이제는 자기 자신까지 소외당하고 있음을 감지하게 되었다. 게다가 화란교회가 학교를 위하여 보낸 보조금을 둘러싸고 불법적인 일이 일어났다. 그는 마침내 교단과 학교를 떠나야 하겠다는 마음을 갖게 되었다.

1956년 9월 총회에서 박윤선은 돌연 총회를 탈퇴하겠다는 발언을 했다. 그러나 탈퇴 청원은 노회에서 할 수 있는 일이지 총회에서 할 것이 아니라는 절차에 대한 유권적인 해석을 듣고는 잠자코 있다가 총회가 끝날 무렵에 다시 발언하였다.

박윤선은 예배당 소송 문제뿐 아니라 목회자들이 신학교 운영에 관심을 갖지 않는 사실 때문에도 심기가 불편해 있었으므로 이를 드러내 놓고 말했다. 고신 총회가 개혁 운동을 시작한 지 10주년을 맞이하게 된 시점에 과거 10년간의 역사를 회고하여 잘못된 것은 회개하고 시정하자고 호소하였다.

① 예배당 쟁탈 문제 ② 교회 질서에 대한 문제 ③ 기독교보에 대한 문제 ④ 신학교 운영에 대한 문제 등 네 가지 조항에 대하여 개선하자고 제언하였다.

총회 총대들은 이 문제들을 두고 통성으로 기도했다. 그러나 그들이 박윤선의 제의를 받아들인다는 뜻인지 아닌지는 알 수가 없었다. 총대들은 총회가 끝나자 아무 일도 없었다는 듯이 신학교에 대한 재정적 협조에 대하여 여전히 관심을 보이지 않았다. 그것이 박윤선에게는 참을 수 없는 실망이었다.

1957년 봄에 박윤선은 말없이 고려신학교를 떠났다. 부산 동래구 장전동에서 목회하는 이재만 목사에게 가서 지내면서 시편 주석을 집필하였다. 그러나 생활 대책이 막연하였다. 그는 부산을 떠나 서울로 가서 원효로 원성교회에서 그를 따르는 약 30명의 학생들과 함께 '개혁신학교'라는 이름으로 학교를 시작하였다.

박윤선이 고려신학교를 떠나자 학교의 분위기가 풀죽은 듯 가라앉았다. 다급해진 고려신학교 이사회는 학교의 원활한 운영을 위하여 회합을 가져 해결책을 강구한 끝에, 교회의 협조가 잘 이루어질 수 있도록 제도를 개선하기로 하고 박윤선에게 다시 와서 교장 직을 맡아 교수하도록 간청하였다.

1957년 한 학기를 지나서 9월 중순에 그는 동행했던 학생들과 함께 다시금 고려신학교로 돌아왔다. 그런데 그냥 학교로 복귀한 것이 아니고 두 학교가 합동하는 형식을 취하였다. 고려신학교의 이사회와 교수회가 개혁신학교의 설립 취지를 충분히 인지하고 동의하므로 한 교단 안에 같은 취지를 가진 두 신학교가 있어야 할 이유가 없다는 것이었다. 그러므로 이제 두 신학교가 합동하게 되었음을 감사하고 기뻐한다는 취지의 성명서를 1957년 9월 13일자로 양학교의 대표 한상동과 박윤선의 이름으로 작성하고 날인하였다.

고려신학교로서는 박윤선이 요청한 요구를 들어준다고 약속하고 그로 하여금 다시 돌아올 수 있는 명분을 제공해 준 것이었겠으나, 박윤선이 그냥 잠시 학교를 떠났던 교수로서 복귀하는 것으로 하지 않고 이런 형식을 취한 것은 예사롭지 않은 일이다.

조선신학교가 1955년 한국신학대학으로 당시 문교부의 인가를 받았을 뿐, 거의 모든 신학교가 아직 정부의 공인을 받지 않고 있던 시절이었으므로 위의 두 학교가 합동한다는 성명을 함으로써 합동의 형식을 취한 것은 하자가 없는 일이었다. 그러나 확고한 설립 취지를 가졌을 뿐 아니라 10년의 역사와 이사진과 교수진 등 짜임새를 갖춘 교단 인준 신학교인 고려신학교와 두 사람의 교수와 30명의 학생으로 구성된 사설 학원에 지나지 않는 개혁신학교가 합동한다고 조인을 한 것은 아무래도 상식적으로 이해가 되지 않는 일이다.

박윤선은 교회 치리의 원리를 이론적으로는 알고 가르쳤으나 교회 정치 현실에는 민감하지 못했다. 강의하고 설교하며 성경 주석에만 전념하는 나머지 세상 물정이나 시장 물가도 몰랐던 위인이다. 한상동 목사 역시 정직하고 표리가 없는 후덕한 신앙의 인격자였으나 순진한 학자 박윤선을 목회적인 배려에서 그런 식으로 달랬던 것 같다.

박윤선이 학교로 복귀한 일과 신학교에 대한 교단의 재정적인 협조가 다소 나아져 학교가 안정을 되찾은 것은 다행한 일이었다. 그러나 박윤선이 떠났다가 돌아온 일로 인하여 그에 대한 고신 교단의 지도적인 목사들의 그에 대한 존경심과 신뢰도가 그만큼 반감된 것은 어쩔 수 없는 사실이었다. 그리고 교회 소송 문제는 여전히 해결되지 않았으므로 갈등의 불씨는 그대로 남아 있었다. 한편 서울에서 박윤선이 어려울 때 개혁신학교를 시작하도록 힘써 도운 목사들은 그들의 수고가 헛되고 말아 실망이 컸다.

주일 성수 사건

1960년 7월 하순이었다. 미국 정통 장로교 소속 선교사 서아도(A. B. Spooner) 목사가 귀국하는 날이었다. 서아도 선교사는 1948년에 한국에 와서 1951년까지 기술자로 근무하였다. 한국에 체류하는 동안 그는 6·25동란으로 인한 전쟁의 참상을 몸소 경험하고서는 참화를 당한 한국인들에게 복음을 전함으로써 봉사해야 하겠다는 생각이 들었다. 그는 귀국하여 웨스트민스터신학교에 입학하였다. 신학 과정을 마치고 다시 한국으로 와서 봉사하다가 이제 첫 안식년을 보내려고 미국으로 떠나는 배에 오르게 된 것이다.

그런데 그 날이 공교롭게도 주일이었다. 처음 출항 예정일은 금요일이었으나 일정이 연기되는 바람에 배가 주일에 떠나게 되었다. 박윤선은 서아도 선교사와 친분이 두터웠으므로 그를 전송하려고 다른 선교사들과 함께 급히 택시를 타고 부두로 향하였다. 배에 올라 선교사를 잠시 만나 작별하려니까 보초를 선 군인들이 제지하므로 사정을 얘기하고 꼭 만나게 해 달라고 간청하였다. 오랜 지체 끝에 겨우 허락을 받고 배에 올라 서아도 선교사와 그 가족을 만났다. 잠시 가족들과 함께 하나님께 예배하고서 떠나는 이들을 격려하고 작별하였다. 배에서 내리니까 벌써 오전 예배 시간이 가까웠다. 처음에 부두로 갈 때는 떠나는 선교사를 잠시 만나고 예배당에 갈 예정이었으나 본의 아니게 일이 그렇게 되고 만 것이다.

박윤선은 이 일로 인하여 노회에서 추궁을 받았다. 1960년 9월 6일에 열린 부산노회에서 어떤 노회원이 박윤선이 주일에 선교사를 전송한 일에 대하여 질의하였다.

박윤선은 그 날 있었던 일을 얘기하고는 자신이 한 일이 부득이한 일이었으며, 선한 일을 한 것이므로 주일을 범한 것이라고 생각하지 않으며 신앙 양심에 거리끼는 것이 없다고 대답했다. 그는 아무도 전송하는 사람이 없어서 서운하게 떠날 뻔한 선교사를 자기라도 가서 위로할 수 있어서 다행이라고 여기며 할 일을 했다고 생각한다고 얘기했다.

경위를 설명하자 노회는 광고 보고로 받기로 하고 다시 논의하지 않기로 가결하였다. 그러면서도 노회는 '부득이'한 사정의 한계가 어떤 것인지 총회에 그 해석을 문의하기로 하였다. 박윤선의 답변은 주일 성수를 옛날 바리새인들이 안식일 지키듯 하는 사람들에게는 통하지 않았다.

예수님 당시의 바리새인들은 안식일 지키는 규례를 만들어 그 규례대로 지키려고 하였다. 안식일 규례는 40에서 하나를 감한 조항, 즉 39개의 조항을 만들고 각 조항에 7개씩의 세칙을 달아 모두 273개의 세칙으로 된 것이었다. 안식일을 지키기 위한 것이라면서 희한하게 상상력을 동원하여 만든 세칙들이 사람들을 안식일의 노예로 만드는 그런 규례였다. 예를 들면, 안식일에 마당 의자에 앉았다가 의자를 끌면 안 된다고 한다. 왜냐하면, 의자 다리가 마당에 홈을 그리게 되므로 그것은 밭가는 죄에 해당하는 것이기 때문이다. 안식일에는 양복 만드는 직공이 바늘을 지니고 다니거나 서기관이 글 쓰는 펜을 가지고 가면 이는 짐을 운반하는 죄에 해당하므로 이를 금했으며, 안식일에는 빈대가 오른 옷을 터는 것도 금하였다. 박윤선이 주일 성수에 관하여 논쟁하면서 쓴 글에는 바리새인들이 만든 안식일 규칙의 이러한 몇 가지 예를 소개하고 있다.[65]

그 후 열린 총회에서 한 총대가 그 문제를 두고 다시금 질문하였다. 의장이 그것은 노회에서 해결된 문제이니 총회에서는 재론하지 말라고 했으나 그 총대가 집요하게 박윤선에게 도의적인 책임을 져야 한다고 주장하였다. 박윤선은 노회에서와 마찬가지로 부득이해서 그랬으므로 양심에 거리낌도 없고 도의적으로 책임질 일도 없다고 답변했다. 그러나 총회는 노회가 '부득이' 한 경우에 대한 한계를 문의해 온 터이므로 그것에 대한 논의를 했다.

총회가 끝난 후 그날 저녁에 신학교 이사회가 모여 박윤선

---

65) 박윤선, "안식일 지키는 법에 대하여", 「파수군」 104호, 1960, 14.

더러 참석하도록 요청하였다. 이사회는 그에게 총회에서와 마찬가지로 같은 질문으로 심문하듯 추궁하고는 도의적인 책임을 지라고 요구하였다. 정말 뜻밖의 일이었다. 박윤선은 노회와 총회에서 답변했던 것과 똑 같은 말로 대답하였다. 이사회는 9월 24일 다음과 같은 결의 사항을 통보했다.

① 본 신학교는 교장제를 없이하고(단 대외 관계에는 교장의 명의만을 쓸 수 있음) 교수회는 회장제로 하되 1년씩 윤번제로 하고 계속 연임을 하지 않도록 하되 윤번 순서는 교수회에서 작정하여 이사회에 보고하여 승인을 얻도록 가결하다.
② 박윤선 교장은 기구 변경으로 인하여 교장 직이 자연 해임되고 교수 시무는 전국 교회에 주일 성수에 부도덕 됨을 자인하고 총회의 결정대로 도의적 책임을 지는 표시가 있을 때까지 중지하고 이후는 표시에 따라 다시 결정하기로 가결하다.

이사회가 이런 결정을 하여 통고문을 보내오다니 박윤선은 참으로 어안이 벙벙했다. 그는 이 통고문을 접하는 순간 이사회가 자기를 노골적으로 밀어내는 것이라고 생각했다.

박윤선을 교장 직위에서 그냥 해임한 것이 아니고 기구를 변경하여 자동으로 해임하게 한 데다가 주일을 범했다고 사과하지 않는 한 교수도 못한다고 결정을 했으니 이사회로서는 그럴 만한 충분한 이유가 있었는지는 몰라도 그러한 결정은 당사자에게는 자신들의 기준대로 사람을 정죄하는 중세의 종교 재판과 다를 바가 없었다. 부산 시내에 있는 어느 교회 목사는 분개한 나머지 주일 설교에서 이사회의 처사를 세례 요한의 목을 벤 헤롯의 처사에 비유하였다.

박윤선은 교수회와 학생들 앞에서 통고문대로 자신의 교장직은 자연 해임되었으며 교수직 역시 중지된 것을 알리고 고려신학교에서 물러났다. 박윤선은 학교에서 물러난 것이 벌을 받는다는 의미에서이기보다는 이사회의 권리 행사에 대항하지 않으려는 까닭이라고 말했다.

그러나 박윤선은 모든 것을 체념하는 자세를 취하지 않고 주일을 어떻게 거룩하게 지킬 것인지 하는 문제를 두고 글로 써서 진지하게 논의하였다. 그리스도인들이 주일을 어떻게 거룩하게 지킬 것인지 올바로 가르치는 것이 자신의 임무라는 생각에서였다. 그 결과 박윤선과 이사회 간에 주일 성수에 대한 해석을 두고 몇 차례 공방이 오갔다. 박윤선은 두 번째의 답변서에서 목사의 치리는 노회에서 하는 법인데 사설 기관인 학교 이사회가 이를 시행하는 것은 옳지 않다는 얘기도 했다.

이사회는 박윤선이 교회의 건덕을 위하여 "잘못했다"고 한 마디만 하면 될 것을 가지고 일을 키웠다면서 유감을 표명했다. 이사회는 예배 모범 제1장 제2항에 "위급한 일 외에는 모든 시무를 폐할 것이라."고 했으나 선교사 전송은 위급한 일로는 볼 수 없다고 했다. 이에 대하여 박윤선은 예배 모범 제1장 제6항을 들어 응답하였다. 즉, "이와 같이 엄숙한 태도로 공적 예배를 마친 후에는 이 날 남은 시간은 기도하며, 영적 수양서를 읽되 특별히 성경을 공부하며 성경 문답을 교수하며 종교상 담화를 하며 시편과 찬송과 신령한 노래를 부를 것이요 병자를 방문하며 가난한 자를 구제하며 무식한 자를 가르치며 불신자에게 전도하며 경건하고 사랑하며 은혜로운 일을 행함이 가하니라." 하는 말을 들어 선교사를 전송한 일이 이에 해당한다고 하였다.66)

박윤선과 이사회의 불협화음은 주일 성수에 대한 이해도 달랐을 뿐 아니라 교회 일에 대하여 학자와 목회자로서 그들이 일상적으로 취해 온 처신과 사고방식의 차이에서 온 것이라고 해야 할지 모르겠다. 박윤선은 학자로서 잘못한 것이 없는데 사과하는 일은 주일 성수에 대한 잘못된 생각을 굳혀주는 것이므로 그럴 수 없다고 생각한 반면에, 목회에서 인간관계를 중시하고 배려하는 목사들은 설사 큰 잘못이 없더라도 덕을 세우기 위하여 박윤선이 한 마디 사과를 하면 그만일 텐

---

66) 심군식, 앞의 책, 149.

데 끝내 잘못이 없다고 버티는 것이 이해가 되지 않았을 뿐 아니라 그들의 비위에 거슬렸던 것이다.

박윤선에게 이 정도의 교권의 횡포는 참고 고신에 머물렀어야 한다고 주문해야 하는 것일까? 그는 고신 신학과 신학교를 이끌어 온 교수로서의 권위가 무시당하였으므로, 아니 교회 지도자들이 이제는 자기를 신학 지도자로 인정하지 않으므로 고신에서는 더 이상 할 일도 없고 무엇을 할 수도 없다는 생각에서 정든 학교와 학생들을 두고 떠나기로 결심하였다.

교단 합동과 재분립

1960년 9월 박윤선이 고신 측 노회와 총회 앞에서 그리고 이사회로부터 주일 성수 문제로 곤욕을 치르고 있을 때, 고신 교단 지도부는 대한예수교장로회 총회 승동 측과의 합동을 추진하고 있었다. 대한예수교장로회의 큰 둥치인 총회 측은 1959년 WCC에 가입하는 문제를 두고 찬반으로 대치하다가 찬성하는 연동 측과 반대하는 승동 측으로 분열하였다.

승동 측은 WCC를 반대하는 일에 대하여는 이제 고신 측과 다를 바가 없어졌으며, 한국에 나와 있는 선교부와의 관계를 청산하고 고립된 처지에서 고신 측과 유대를 가져온 미국 정통장로교(OPC)와 관계를 맺을 수밖에 없는 상황을 맞게 되었다. 보수적인 양 교단은 이제 그만큼 더 합동하는 데 도움이 될 수 있는 여건을 갖추게 된 격이었다.

합동은 승동 측에서 먼저 제의하고 추진하였다. 경북, 순천 전남노회들이 "신앙 노선이 동일한 고려파 교회와 합동하자"는 헌의서를 제출하자 9인의 합동 추진 위원을 선정하였으며 1960년 9월 24일 총회에서 고려파의 합동을 기도 제목으로 정하여 공포하였다. 고신 측 역시 9월 26일 총회에서 9인의 합동 추진 위원을 선정하고 제46회 총회 이전에 합동하기로 가결하였다.

양 측의 합동은 급물살을 탔다. 양 측 합동위원회는 제1차 회집을 10월 25~26일에 대전중앙교회에서 제2차 회의를 12월 12일 승동교회에서 회집을 가져 합동을 위한 몇 가지 점에 합의하였다.

신학교는 총회가 직영하는 단일 신학교로 하고 양 측이 동수의 이사를 선출하여 이사회를 구성하기로 하였다. 대한예수교장로회 제44회 총회는 1912년 9월 1일 평양에서 제1회 총회로 창립한 이후부터 일본 교단에 합병한 일과 신사 참배에 굴종한 일을 제외하고는 정체성을 유지하고 전통을 계승한 유일한 대한예수교장로회 법통 총회임을 선언하였다. 그리고 10회에 걸쳐 총회를 개최한 고신 측 총회의 역사를 대한 예수교 장로회 이원적(二元的)인 역사적 사실로 수록하기로 하였다.

 그 뿐 아니라 고신 측 총회가 1949년 이래 경건 생활에 치중하여 정통 신학 교육에 힘쓴 것과 예장 측 총회가 자유주의 신학과 세속주의를 배격하기 위해 WCC를 탈퇴하고, WCC 노선의 에큐메니칼 운동을 반대한 결의를 재확인한다고 하였다. 그리고 1951년 5월 23일 제36회 총회에서 경남 법통노회 제51회 노회에 대한 결의와 총회장의 포고문 건에 관하여는 이를 취소한다고 하고 합동 총회 기념사업으로 새 찬송가를 편찬하기로 결의하였다.

 1960년 12월 23일 두 보수적인 교단은 서울 승동교회에서 합동 총회를 열어 고신 측의 한상동 목사를 총회장으로 선출하고 교회를 통합하였다.
 이와 같이 교단 합동을 위한 접촉이 진행되었던 것을 보니 고려신학교 이사회가 교장 직을 없이하기로 결정한 것이 반드시 박윤선이 주일을 범하였다고 추궁하는 차원에서만 그랬던 것은 아니었음을 알 수 있다. 이사회는 그 이전부터 합동 문제를 두고 논의했다고 해명한 바와 같이, 승동 측의 총회신학교와의 통폐합을 위하여 어차피 정리해야 할 교장 직이었으므로 그런 식으로 처리한 것이다.
 어떤 이들은 박윤선이 고려신학교를 떠나게 된 사실이 양 교단의 합동을 위한 기회를 마련했다고 알고 있으나 고신 교단 측에서는 박윤선의 주일 성수를 문제 삼아 논의했던 9월 총회에서 이미 합동 안건이 제기되었으며 그것을 기도 제목으로 삼은 것으로 보아서는 박윤선이 해임되기 이전부터 합동은 이미 추진되고 있었던 것이다. 박윤선이 이사회로부터 해임 통보를 받기 전에 승동과 고신 양측이 합동을 위한 사전 타결을 보았다는 것은 당시의 여러 상황을 보아서도 신빙성이 있는 이야기다.

두 교단의 합동으로 인하여 고려신학교는 교정을 비워 둔 채 서울로 옮겨가 총회신학교와 합병하였다. 그 일로 말미암아 1946년에 태동하여 성장해 온 고려신학교의 역사의 한 장(場)이 마감되었다. 그런데 고신 역사의 한 장이 공교롭게도 고려신학교를 육성하고 고신 신학을 주도해 온 박윤선이 떠남과 동시에 종막을 고한 것이다. 진실한 그리스도인의 삶을 촉구하며 교회 쇄신과 회개를 외치던 박윤선의 선지자적 소리가 낭랑하게 울려 고신 동산을 가득 채웠었는데 이제는 한동안 사람들의 추억 속에 메아리로 남았다가 역사 속으로 사라져 간 것이다.

두 보수적인 교단의 합동은 바람직한 일이고 분열된 교회가 연합하여 하나를 이루는 일은 갸륵하고 귀한 일이다. 그러나 고신 신학을 주도해 온 박윤선은 합동으로 가는 새 역사에 참여하지 못하고 소외되었다.

박윤선은 고신 교단 및 신학교와 교회 쇄신 운동, 즉 회개 운동에 함께하고 그 운동을 주도해 왔을 뿐 아니라, 고려신학교 설립 목적과 명분을 설명하고 고신 교단의 존재 의의와 명분을 많은 글들과 책자를 통하여 끊임없이 변증하였다. 다시 말하면, 안을 향해서는 고신의 정체성을 일깨우고 밖을 향해서는 고신의 명분을 변호해 온 박윤선이 이제 와서는 합동으로 가는 길에 마치 걸림돌이라도 된다는 듯이 제거되었다. 교단 지도부의 의도야 어떠했든지 간에 결과적으로 그렇게 된 것이다. 그는 주일 성수 논쟁에 휘말려 교단의 합동에 대한 어떠한 견해나 비전을 제시하는 여유도 갖지 못했다. 참으로 애석한 일이었다.

고신 교단에는 교단 합동이 시기 상조라고 하거나 그 일로 말미암아 겪을 부정적인 결과를 염려하는 사람들도 없지 않았다. 합동을 서두르게 된 이면에는 교단 내의 교회 정치적인 역학 관계가 있었다고 하는 설명이 있는가 하면, 박윤선이 떠나게 된 마당에 상당수의 교회들이 분리 이탈할 수도 있다는 분위기 때문에도 교단의 합동을 서둘렀다는 이야기도 있다. 여하튼 대다수가 교회 연합과 일치라는 바람직한 명분을 위하여 하나님께서 섭리하시는 새 역사에 순응해야 한다는 생각에서 서울로 향하였다.

그러나 명예로운 합동의 새 역사는 유감스럽게도 얼마 지속되지 못했다. 고신 측이 돌연 환원함으로 말미암아 두 교단의 합동은 와해되었다.

합동한 교단이 와해된 것은 두 교단이 연합하기는 했으나 완전한 통합은 이루지 못했기 때문일 것이다. 총회는 총회 임원회를 구성함에 있어서 교인 수에 비례하여 임원을 선출하지 않고 양측에서 동 수로 안배하여 선출하였다. 마치 연립내각을 구성하듯 정치적인 배려를 했던 것이다.[67] 그러나 이러한 교권의 안배가 오래 갈 수는 없는 법이다. 본래 그룹으로서 가졌던 정체성은 할 수 있는 대로 속히 희석되고 용해되어야 하며 망각되어야 하는 것이지만, 그것이 쉬운 일은 아니다. 고신 측 지도자들은 수적으로 월등히 우세한 승동 측이 점차로 교권을 장악하려고 하고 신학교의 이사회를 편파적으로 운영하려 한다는 판단에서 환원을 고려하게 되었다.

환원은 1962년 10월에 결행되었다. 1952년 처음 고신 측이 분립했을 때는 총회가 고려신학교를 인정해 주지 않음으로 말미암아 진통 끝에 부득이 분립했으나 이번에는 아무런 절차도 없이 자의로 그리고 돌발적으로 분립을 단행한 것이다. 첫 번의 분립에 대한 책임은 총회 측에 있다고 말할 수 있었

---

[67] 『한국기독신교연감』, 1964, 521쪽 이하.

으나 환원으로 인한 두 번째의 분립에 대한 책임은 법과 절차를 따져서는 고신 교단 측이 그냥 떠안을 수밖에 없게 되었다. 교회 분립에 명분이 있었다고 말하려면 적어도 성경이 가르치는 권징의 원리를 따라 노회와 총회에서 설득과 경고의 절차를 거쳐야 하는 법이다.

고신 역사의 제2장이 시작된 후 몇 년이 지나서도 고신 교단 내에서 분열의 명분이 무엇인지 자문하곤 하였다. 교단 분립의 명분이란 원래 찾는 것이 아니다. 분립의 명분이란 그 명분이 너무나 뚜렷하므로 아픔과 쓰라림을 무릅쓰고라도 어쩔 수 없이 분립을 단행하는 그런 것인데, 분립부터 해 놓고 그 명분을 찾게 되었으니 씁쓸한 일이 아닐 수 없었다.

고신 교단은 졸지에 환원을 하는 바람에 분열의 명분과 함께 많은 것을 상실하였으며 그 정체성에도 심각한 위해를 입었다. 60여의 충실한 교회들이 합동에 그냥 남겠다고 공동으로 성명을 발표했으며, 충현교회를 비롯하여 행정 보류를 선언했던 고신 측의 경기노회에 속한 약 20의 교회들은 고스란히 합동 교단에 합류하였다. 승동 측과 합동했던 590개의 고신 측 교회 가운데 445개가 환원에 가담하고 145개의 교회가 합동에 그냥 남았다. 경남 지역에서는 환원한 교회가 90%에 달했으나 다른 지역에서는 40~60%에 불과했다.[68]

그뿐 아니라 1948년 12월 1일부터 발간해 온 고려신학교의 기관지「파수군」도 승동 측에 그대로 남겨 두어야 했다. 파수군은 고신 측에 있을 때부터 주필을 맡았던 안용준 목사에 의하여 합동 측에서 계속 발행되다가「기독신보」로 바뀌어 오늘에 이르고 있다.「새찬송가」도 실은 고신 교단에서 1955년 편찬 위원을 선정하여 작업하던 것을 합동 이후 1961년에 발행한 것인데, 그것 역시 환원하면서 합동 측에 두고 나왔다.

환원의 대열에 참여한 이들이 부산 송도 교정으로 돌아와 학교 문을 다시 열고 환원의 명분을 찾으며 접었던 역사를 다시 이어가자니까 여러 가지가 예전 같지 않았다. 박윤선과 함께 교수하던 이상근, 김진홍, 안용준 등 첫 세대의 교수들은 다 떠나고 없었다. 모두들 합동 총회신학교에 그대로 머물러 있었으므로 더 이상 그들의 모습은 볼 수 없었다.

교수진은 이제 홍반식, 오병세, 이근삼 등 미국과 화란에서 박사 학위를 받고 갓 돌아온 제2세대의 소장 교수들로 교체되었다. 그리하여 한 번 접었던 고려신학교의 역사가 새롭게 다시 시작되었다.

많은 사람들이 채플과 강의실에서 고신의 정체성을 일깨워 주던 선지자적인 소리가 결여되고 있음을 새삼 느끼면서 그

---

68) 서영일, 앞의 책, 289.

소리를 동경하였다. 박윤선을 다시 교장으로 모시자는 제안과 논의도 있었으나 구체화되지는 않았다. 청원을 해야 하는 쪽이나 청원을 받아들일 쪽, 그 어느 쪽도 적극성을 띠지 않았다. 교단의 단합을 중시하는 지도적인 위치에 있는 목사들은 그의 소리가 부담스러웠던 반면에, 박윤선은 자신이 외치는 소리가 허공을 울렸음을 이미 경험했기 때문이었다.

교회에는 목회적인 배려에서 현실적인 문제를 고려하고 관용과 타협의 미덕을 추구하는 건전한 교회 정치가 필요하다. 그러나 교회를 새롭게 하고, 그리스도의 이름을 가진 공동체를 생동하게 하는 것은 타협을 모르고 진실하게 진리의 말씀을 외치는 선지자적 소리이다. 교회 정치가 건전성을 유지하려면, 그래서 교회가 항상 개혁하는 교회이려면, 교회에 외치는 선지자적 소리가 있어야 하고 그 소리가 울려 퍼져야 한다. 교회 정치를 하는 이들은 비록 그 소리가 귀에 껄끄러울지라도 그 소리를 관용하고 포용할 수 있어야 한다.

고려신학교의 미래를 떠안은 소장 교수들은 학교가 엄청난 교회 정치의 소용돌이를 겪은 후 다시 재출발하게 되었으므로 그들의 스승인 박윤선과는 달리 교권에 순응하면서 조심스럽게 학교를 이끌었다. 박윤선은 교단의 지도적인 인물들과 함께 신학교를 설립한 동역자요, 많은 지도적인 목회자들의 스승이었으나 소장 교수들의 입장은 아직 그렇지가 않았다.

고신에서의 집필 활동

박윤선은 14년간 고려신학교에서 봉사하는 동안 가장 왕성한 연구 활동을 했다. 25권의 신구약 성경을 주석하여 이를 7권의 책으로 묶어 발간하였다. 1947년 11월 요한계시록 주석을 출간한 이후 『공관복음』, 『로마서』, 『요한계시록』의 개정판과 『바울 서신』, 『히브리서와 공동서신』, 『시편』, 『요한복음』 주석을 출판하였다. 그는 1979년 『에스라·느헤미야·에스더』 주석을 마지막으로 성경 책 전부를 주석하여 출간하기까지 이러한 보조를 늦추지 않고 매년 한 권씩 출판하였다.

고신 교단의 초창기부터 박윤선이 고신 신학을 주도하고 고신이 갈 방향을 제시한 사실은 그가 쓴 많은 글에서 드러난다. 1948년 12월 1일 고려신학교의 기관지 「파수군」(把守軍)의 창간호가 발행된 이후 박윤선이 발행인 및 편집인을 겸하여 주필까지 맡아 1960년 12월 고신 교단이 승동 측 교단과 합병할 때까지 통권 129호를 내었다.

「파수군」은 박윤선의 글로 가득하다. 그는 많은 설교 요약과 200편이 넘는 소논문을 써서 실었다. 그는 성경 주해뿐 아니라 조직신학, 교리사, 현대 신학자와 신학 운동에 대한 비평, 교회의 여러 문제에 대한 평가, 동양 철학, 목회학, 비교종교학, 칼빈주의에서 본 기독교와 문화, 기독교와 국가의 관계 등 광범하게 여러 주제에 대한 글을 썼다.

박윤선은 편집인으로서 매 호마다 권두언을 써서 중요한 시기마다 대두되는 논제가 무엇인지를 알리고 고신 교단과 한국 교회의 나아갈 방향을 제시하였다. 그는 자신이 칼빈주의자이기를 추구함과 동시에 칼빈주의가 성경을 하나님의 말씀으로 믿는 사람들이 근거로 삼아야 할 바탕이요, 마땅히 지향해야 할 사상임을 역설하였다.

7. 고난과 고독의 극복

고신을 떠나서

한국 교회에 대하여 남다른 관심을 가지고 고신 교단의 신학과 진로를 주도해 온 신학자 박윤선이 두 교단이 하나 되는 잔치에 참여하지 못하고 왕따를 당한 것은 그에게 출교, 즉 파문이나 다름없는 치명적인 형벌이었다.

1960년 11월 박윤선은 짐을 꾸려 전송해 주는 사람도 별로 없는 가운데 쓸쓸하게 학교를 떠나 이재만 목사가 있는 동래구 장전동으로 가서 작은 초가집을 전세 내어 살림을 시작하였다. 이재만 목사는 박윤선이 1957년도에 고신을 잠시 떠났을 때도 도움을 준 목사이다. 박윤선의 생활은 초라하다 못해 비참하였다. 끼니를 이어가기조차 어려운 형편이었다.

옛 친구 방지일 목사가 집회 인도 차 부산에 왔다가 박윤선이 고려신학교를 떠났다는 소식을 듣고 백방으로 수소문한 끝에 찾아왔다. 골목을 돌아 박윤선이 거주하는 초가집에 이르렀을 때 그는 좁은 방에 앉아 책에 파묻혀 성경 주석을 집필하고 있었다.

"아니 어떻게 이렇게 살고 있어요?" 하는 방지일 목사의 인사에 박윤선은 뭐가 어때서 그러냐고 대꾸하면서 그냥 천진하게 웃으며 반갑게 친구를 맞아주었다. 때마침 함지박을 든 나이든 여자 한 분이 들어왔다가 손님이 와 있는 것을 보고는 함지박을 마루에 두고 나갔다. 함지박에는 쌀이 담겨 있었다. 박윤선과 그의 가족은 이런 식으로 도움을 받으며 지내고 있었다.

박윤선의 삶은 이런 생활의 연속이었다. 합동신학대학원 뒷동산에 있는 그의 묘소의 비문에 새겨진 성경 말씀, "그러므로 내일 일을 위하여 염려하지 말라 내일 일은 내일 염려할 것이요 한 날 괴로움은 그 날에 족하니라"(마 6:34) 하는 말씀은 그가 얼마나 고난의 삶을 살았는지 그리고 고난의 삶 가운데서 얼마나 하나님만 의지하며 살았는지를 암시해 준다. 그리고 그 말씀은 그의 공관복음서 안표지에 인용하고 있을 정도로 그가 좋아한 말씀이다.

방지일 목사는 서울로 돌아와서도 박윤선이 사는 모습이 내내 눈에 어른거렸다. 그래서 그는 어떻게든 박윤선을 도와야 하겠다는 생각에서 자기가 시무하는 영등포교회 당회에 얘기하여 박윤선을 사경회 강사로 모시자고 하였다.

1961년 초봄에 박윤선은 통합 측에 속한 영등포교회에서 사경회를 인도하였다. 많은 사람들이 모여들었다. 목사들만도 40명이 넘게 참석하였다. 박윤선 목사를 강사로 청하자고 했을 때 처음에 난색을 표했던 당회원들을 비롯하여 집회에 참석한 모든 사람들이 그의 설교에 깊은 감동을 받았다.

방지일 목사는 갸륵하게도 박윤선이 주석 집필에 전념할 수 있도록 후원회를 조직하려고 하였다. 그러나 박윤선은 후원회보다는 설교할 수 있는 강단을 원하였다. 방지일 목사는 통합 측에 속해 있으므로 고신 측에 있던 박윤선 목사를 당장 통합 측 교회에 소개할 수가 없었다. 게다가 박윤선 자신도 WCC를 반대하는 입장에는 변함이 없었으므로 그것은 원치 않았다. 그렇다고 합동 측에도 그가 갈 만한 교회를 구하기도 쉽지 않았다. 합동 측은 그가 떠나온 고신 측과 하나가 되어 있었기 때문이다.

동산교회 목회와 개혁신학교

1961년 1월 말경에 박윤선은 드디어 설교할 수 있는 강단을 얻게 되었다. 서울 서대문구 충정로에 있는 동산교회를 목회하게 된 것이다. 동산교회는 새문안교회에서 나온 교인들로 구성된 개척 교회였다. 내수동교회를 담임하고 있던 홍근섭 목사와 그와 함께 서울 지역에 있는 고신 측 행정 보류 노회에 속한 목사들이 이 교회를 소개하고 후원하였다. 박윤선이 부임한 이후 말씀을 사모하는 교인들이 여러 곳에서 모여들어 교회는 곧 자립하게 되었다. 박윤선은 다음과 같이 회고한다.

"이 교회는 나의 일생에 잊을 수 없는 위로와 사랑의 원천이 되었다고 생각한다. 그 이유는 내가 그 교회 개척에 많은 노력을 기울였으며 자신이 큰 은혜를 받았기 때문이다."[69]

고려신학교를 떠나서 외롭고 어려운 처지에 있는 상황에서 목회지를 소원하며 위하여 기도한 지 3개월 만에 주께로부터 위임을 받은 교회이니 교회를 향한 애착이 각별할 수밖에 없었다.

목회를 시작한 지 두 달이 채 못 되어 박윤선은 신학교를 시작하겠다고 미국 정통장로교(OPC) 선교부에 도움을 요청하였다. 그러나 이러한 요청에 대한 미국 정통장로교 선교부의 반응은 부정적이었다. 신학교가 서면 또 하나의 교단이 분립할 가능성이 있으므로 간하배 선교사(Harvie M. Conn)는 선교부를 대표하여 이를 만류하였다. 박윤선은 간하배의 만류에

---

69) 박윤선, 『성경과 나의 생애』, 109.

도 불구하고 동산교회에서 '개혁신학교'라는 이름으로 신학교를 개설하였다. 3월이면 새 학기가 시작되므로 개교를 늦출 수가 없었다.

박윤선이 좀 더 신중을 기하지 않고 신학교 개설을 강행한 것은 자신이 목회 사역에만 전념할 수 없어서였다. 그가 있는 곳에는 늘 신학을 공부하려는 사람들이 모여들었기 때문이었다. 그리고 보류 노회가 신학교의 개설을 요청했기 때문이었다. 보류 노회는 이미 오랫동안 독립 노회로 있었으므로 목회자 후보생을 교육할 기관이 필요하게 되었던 것이다.

처음 등록 학생 수는 15명이었는데 그 중 12명이 보류 노회 교회에 속한 학생이었다. 9월이 되자 학생 수는 40명으로 불어났다. 박윤선과는 오랜 친구이며 고신에서 구약을 교수하며 같이 일하던 동료 김진홍 목사가 와서 교수진에 참여하였다.

개혁신학교 개설을 부정적으로 보고 이를 말리던 간하배 선교사는 곧 생각을 바꾸었다. 선교부가 개혁신학교를 돕는 것이 교회 연합에 오히려 도움이 될 것이라는 생각이 들어 자신도 개혁신학교에서 강의를 맡아 함께 가르쳤다.

간하배는 본국 OPC 선교위원회의 갈브레이드에게 보내는 편지에서 박윤선이야말로 한국에서는 그 누구보다도 개혁주의 신앙을 고수하려는 동기를 지닌 유일한 그리고 믿을 만한 사람이며, 열정적이고 헌신적인 칼빈주의자라고 말하였다. 그리고 교회 건물을 차지하려는 사람들과의 법정 소송에 대한 논쟁에서 그가 취한 입장은 분명히 존중되어야 마땅하다고 하면서 박윤선이 고수하기 위하여 투쟁해 왔던 원칙들과 진리들이 OPC가 가진 원칙들이나 진리들과 동일하다는 것을 보여 주어야 할 것이라고 역설하였다.[70]

간하배는 당시 박윤선을 지원하던 보류 노회의 입장도 진리와 개혁주의 신앙을 추구하는 순수한 것이라고 이해하였다. 그리고 합동 측의 지도적인 목사들 중에 돈을 구하기 위하여 ICCC에 접근하는 이들을 목격하고는 박윤선과 보류파가 유일한 희망이라고 생각하였다.

OPC 선교부와 한국에 와 있는 선교사들은 고신 측이 환원한 후에도 합동 측과 고신 측 양 교단과 교류하였다. 간하배 선교사는 총신에 근거를 두고 하도례(Theodore Hard) 선교사는 고신에 근거를 두고서 필요에 따라 두 사람이 다 양 학교에서 강의하였다. 그러나 OPC 선교부는 고려신학교가 설립되고 교회 쇄신 운동이 시작될 때부터 고신 측이 합동 측과 연합했다가 도로 환원한 이후에도 변함없이 고신 측과 내내 밀접한 유대 관계를 유지하였다. 선교부가 한국에서 철수하면서 재산을 고신 교단에 기증한 것이 그 사실을 말해 준다.

---

70) 서영일, 앞의 책, 294.

8. 개혁주의 신학의 확산

총회신학교에서

　1962년 11월 22일 박윤선은 총회신학교로부터 교수로 오라는 초빙을 받고 이를 수락하였다. 고신 측이 환원을 결행한 바로 그 다음 달이었다. 개혁신학교는 폐쇄되고 그가 가르치던 학생들은 총회신학교로 편입하였다. 또한 박윤선과 개혁신학교를 지원하던 보류 노회는 합동 교단에 합류하였다. 때마침 무인가 신학교를 정리하려는 시당국으로부터 학교를 폐쇄하라는 통보를 받고 있었으므로 모든 일이 적절한 시기에 은혜롭게 해결된 것이다.

　박윤선은 1963년 3월부터 총회신학교에서 교수하면서도 동산교회를 계속 시무하다가 그 이듬해 1964년 3월에 신학대학원 원장으로 취임하면서 아쉬워하는 마음을 달래며 동산교회를 사면하였다.

총회신학교 강의실에서. 1973년

박윤선은 1963년부터 합동 측 총회신학교에서 전국에서 모여든 많은 학생들을 가르치게 된 것을 하나님의 축복으로 생각하였다. 그는 윤번제로 교장 혹은 대학원장 보직을 맡기도 하였다. 박윤선은 총신에서 "한국 교회의 기둥 같은 신학자" 박형룡 박사와 함께 가르친 것은 잊을 수 없는 일이었다고 회고한다.71) 박윤선이 고려신학교를 떠나 총회신학교에서 가르침으로 말미암아 그의 개혁주의 신학은 전국적으로 확산되기에 이르렀다.

큰 교세를 가진 합동 교단과 총신이 "보수주의 혹은 정통주의를 표방하면서도 다소 선명하지 못했던 칼빈주의 개혁주의가 박윤선의 강의, 「신학지남」 기고, 성경 주석, 강연을 통해 총신의 신학적 정체성으로 확고하게 자리를 잡았다. 총신이 더 한층 개혁주의를 선명하게 표방하기 시작한 것은 박윤선이 총신 교수로 부임한 이후 나타난 뚜렷한 현상이었다."72)

---

71) 박윤선, "나의 생애와 신학"(9), 「크리스챤 신문」, 1980년 3월.
72) 박용규, "한국 교회와 정암 박윤선 박사의 역사적 의의", 앞의 책, 179; "박형룡은 근본주의와 정통주의를 동일시하여 근본주의를 긍정적으로 평가했으나 박윤선은 「로고스」(1964년 12월호)에서 '근

그러나 박윤선은 총회신학교에서 교수하면서 많은 갈등을 겪었다. 학교의 분위기가 옛날 자기가 처음 교수하던 고려신학교의 분위기와는 여러 가지로 다른 점이 있었기 때문이었다. 총신이 칼빈주의, 즉 개혁주의를 표방하고 있기는 하나 실제 생활 분위기는 개혁주의 사상과는 괴리가 있다고 느꼈다.

신학교 채플에 개혁주의 신학과는 다른 사상을 가진 신학자를 세우는 일은 박윤선에게는 이해할 수 없는 일이었다. 예를 들면, 1969년 독일 신학자 빌헬름 니젤(Willhelm Niesel)이 방한했을 때 그의 신학적인 성향을 확실히 알지 못함에도 불구하고 그를 신학교 채플에 세우는 일을 박윤선은 곤혹스럽게 여겼다.

하기는 박형룡도 1950년에 브루너(Emil Brunner)가 한국을 방문했을 때 그를 신학교 강단에 세운 일이 있었다. 그러나 그 때는 아직 장로교 총회가 WCC에 대한 태도를 결정하기 전에 있었던 일이다. 하지만 이제는 총신이 WCC에 반대하는 입장에서 통합 측과 분립하여 보수적인 개혁주의 신학을 표방한다고 하던 때였으므로 박윤선은 그런 일이 이해가 되지 않았다. 그 뿐 아니라 세대주의를 강력히 옹호하고 가르치는 교수가 있는 것도 마음에 걸렸다. 이런 여러 가지 일들은 고

본주의의 약점'을 조심스럽게 지적했다." 박용규, 같은 책, 159.

려신학교에서는 전혀 경험할 수 없었던 일이었다.

그밖에 또 심각하게 다가온 문제는 도덕성이 결여된 학교 분위기였다. 학업에 종사하는 학생들 가운데 정직하지 못한 학생들이 적지 않은 것이 다른 교수들에게도 그랬겠지만 박윤선에게는 큰 충격이요, 괴로움이었다. 학생들은 숙제를 적게 내 달라고 떼를 쓰는가 하면, 시험을 친다고 발표하면 많은 학생들이 항의하기도 하였다. 리포트를 내면 불평하기가 일쑤였다. 남의 리포트를 베끼는 학생들이 있는가 하면 시험 때 부정행위를 하는 학생들도 적지 않았다.

한 번은 박윤선이 이 문제를 교수회에 상정하여 교수회는 학생들로 하여금 재시험을 치르도록 결정하였다. 그러나 어이가 없게도 학생들은 오히려 교수들을 비난하면서 재시험을 거부하였다. 교수회는 학생들의 거센 항의에 굴하여 앞서 한 결의를 번복하였다. 학생들 중에는 교회 정치를 하는 목사들의 후원을 받고 있는 학생들이 있었다. 그런 학생들은 황당하게도 부당한 주장도 서슴지 않고 내세웠다. 후에 박윤선은 총신 시절을 회고하면서 학생들에 대하여 한탄하였다.

"신학도들이 실력 있게 졸업해야 교회의 유력한 일꾼이 될 수 있다. 실력 없는 교역자는 한평생 목회의 열매를 맺지 못한다. 사람이 진리를 모르고 일꾼이 되면 모르면서도 아는 체하기 쉽고 한 평생 외식하게 된다. 해방 이후에 신학 교육은 신학 졸업자들을 대량 생산하기 때문에 기독교계는 전반적으로 속화되어가고 있다. 교회가 잘 되는 비결은 진실과 영력이 있는 교역자가 인도해야 하는데 그런 교역자는 소수라도 교회에 유익을 준다. 그러나 영력과 진실을 소유하지 않는 교역자는 숫자가 많을수록 교회에 나쁜 영향을 끼칠 뿐이다."[73]

박윤선은 1964년 교장 직임을 맡았을 때 학교 개혁안을 이사회에 제출하였다. 그러나 그 일로 인하여 칭찬은 고사하고 오히려 비난을 받았다. 그 개혁안이 실시됨으로 말미암아 23명의 학생이 졸업을 못하고 유급한 일이 있었으며, 그 중 한 학생이 박윤선을 협박한 일도 있었다. 그러한 개혁안도 일시적인 것일 뿐 별로 긍정적인 효과를 거두지 못했다. 총회신학교가 많은 교회들 및 교단의 지방 신학교들과의 관계에 얽혀 있는 구조적인 문제 때문에도 신학교의 도덕성을 회복하거나 개선하는 일은 교수회의 의지로나 더욱이 교수 한 사람의 힘으로는 거의 불가능한 형편이었다.

그럼에도 불구하고 박윤선은 학생들로 하여금 정직한 목회자가 되도록 가르치는 일에 최선을 다하였다. 나중에 합동신

---

[73] 박윤선, "나의 생애와 신학", 9.

학교에서 있었던 일이다. 멀리 남해안의 도서 지역에서 월요일 학교로 왔다가 주말이면 돌아가 교회를 돌보는 한 학생이 있었다. 그는 성적 때문에 유급을 하게 되자 어려운 사정을 말씀 드리며 선처를 빌었다. 그러나 박윤선은 그에게 등록금을 대주면서 1년을 더 공부하게 하였다. 그만큼 그는 학생들이 옳게 공부하기를 원했고 학교가 그럴 수 있는 여건을 갖추도록 힘썼다.

신학 교육 이념

박윤선의 『성경과 나의 생애』에 실린 유고 가운데 "신학 교수 방법에 대하여" 쓴 글이 있다. 신학 교육에 대한 자신의 생각을 적은 글이다.[74]

먼저 교수하는 신학자가 반드시 목회도 해야 하는 것은 아니지만 목회를 알아야 한다고 말한다. 교수가 목회 경험이 있어야만 신학생들에게 강의할 때 그들로 하여금 하나님의 말씀으로 교회를 인도하는 방법을 말해 줄 수 있고, 신자들에게 영혼을 상대로 접촉하여 성경 말씀을 먹여 주는 일을 바로 하도록 학생들을 도와줄 수 있다고 한다.

---

74) 박윤선, 『성경과 나의 생애』, 148-155.

신학 교육은 지식 전달과 함께 생명력 있는 교육이 이루어져야 한다는 것이다. 이를테면, 어학을 가르치는 등 단순한 지식 전달로 족한 시간에도 교수는 생명력 있는 강의를 해야 된다고 한다.

신학 교수는 신학도들로 하여금 실제로 유익을 얻도록, 즉 그들이 신학 공부를 하는 동안에 성경을 바로 깨달아 알고 그로 말미암아 영계가 열려서 교회를 섬길 때에 자신도 살고 교회도 살리는 일꾼이 되도록 하기 위해 산파역을 해야 된다고 한다.

신학은 자연과학과 달라서 사람의 마음에서 좋은 연구 결과가 나올 수 없으므로 신학 공부 초기에는 자율적인 연구 방식으로 교육해서는 안 되고 전달식으로, 즉 주입식으로 교수해야 한다고 한다. 성경은 위에서 주신 하나님의 계시의 말씀이므로 먼저 믿어야 하기 때문이다. 그러므로 신학교의 모든 교과 과정에 성경이 중심이 되어야 하며, 모든 과목에서 "성경은 하나님의 말씀"이라는 것을 재확인할 수 있어야 한다.

신학생들은 재학 시절에 영화(靈化) 방면의 훈련을 반드시 받아야 한다고 박윤선은 역설한다. 지식만 가지고 교문을 나서서 그 실력만으로 목회를 하다 보면 세월을 허송하기가 쉬우며, 참으로 하나님의 은혜 가운데서 일을 하지 못하고 인간의 수단과 방법으로 목회한다고 하면서 하나님의 교회에 유익보다는 도리어 해를 끼치게 된다. 그러므로 성령의 감동을 받으며 성령의 인도하심을 받는 인격이 되어 교문을 나서야 한다고 강조한다.

신학생들은 자립정신을 가지고 밑바닥에서 교회를 개척하겠다는 정신을 가져야 하며, 그러기 위하여 하나님의 일꾼으로 연단을 받아야 하되 그런 연단이 오래 지속되어서는 안 된다고 한다. 교회가 교역자의 연단을 위한 연습장일 수는 없기 때문이다. 그러므로 신학생들은 기도에 힘쓰는 사람이 되어야 한다는 것이다.

교역자의 위치가 지도하는 직책이므로 자기도 모르는 사이에 고자세가 되어 남들을 섬기기보다는 섬김을 받으려고 하고 주장하는 자세를 가지고 높아지려고 하기 쉬우므로, 실제로 이러한 사례들이 허다하므로, 학생들은 이러한 자리에 떨어지지 않도록 신학 교육을 받는 동안 스스로 낮아지는 훈련, 섬기는 훈련을 철저히 받아야 한다고 역설한다.

그리고 목회자의 중요한 덕목이 진실이라고 강조한다. 그래서 학생들에게 진리를 가르치는 교수 자신은 더욱 진실한 인격자로서 학생들에게 진실을 강조해야 하며, 학생들이 앞으로 교회에서 일할 때 아래와 같이 진실하게 처신하도록 당부해야 한다고 구체적으로 말한다.

① 결단코 허식으로 하지 말 것.
② 언제든지 모르는 것을 아는 체하지 말 것.
③ 공연히 내 분야를 넘어서지 말 것.
④ 내가 맡은 일만 진실하게 할 것.
⑤ 교우들에게 성경을 가르치는 경우에도 모르는 것이 있으면 "확실히 모르겠습니다. 연구하여 다음에 가르쳐 드리겠습니다." 할 것. 그런 경우를 여러 번 만나게 되더라도 그 때마다 모른다고 말할 것. 이때에 교인들이 실력 없는 사람이라고 평할까 두려워하지 말고 하나님 앞에서 나의 진실을 지키려고 힘쓸 것.

진실을 지킬 때 결국 하나님께서 붙들어 주시고 능력을 주셔서 좋은 일꾼이 되게 해 주시므로 교회에도 유익하다. 그러므로 진실을 지키는 것이 제일이라고 말하며 아래와 같이 글을 맺는다.

"만일 시무하던 그 교회에서 떠나게 되는 경우에는 깨끗이 잘 떠나야 된다. 교회에 이런저런 잡음을 일으킬 만한 말이나 행동은 절대로 삼가야 한다. 교역자의 중심은 언제나 주님을 사랑하는 그 일단(一端)으로 주님의 교회를 사랑하여 세례 요한처럼 '나는 쇠하고 주님의 교회는 흥하기를' 소망해야 된다."

부산 분교에서

1965년 3월 박윤선은 부산으로 향하였다. 자기가 육성해 왔던 고신 아닌 총신 부산 분교의 책임자로 갔다. 부산 분교는 1960년 승동 측과 고신 측이 합동할 때 시작된 학교이다. 총회신학교와 고려신학교가 단일 신학교로 통합하면서 송도에 있는 고려신학교는 총회신학교 부산 분교가 되었다. 그러나 1963년 고신 측이 환원하게 되어 고려신학교가 복구하게 되자 총신 분교는 영도로 옮겨 계속 존립하게 된 것이다.

박윤선은 부산 분교에서 교수하면서 주일에는 수정동에 있는 성산교회에서 설교하였다. 성산교회 담임목사가 떠난 후였으므로 설교자의 자리가 비어 있었다. 얼마 후 그는 그 교회 담임목사가 되었다. 그리하여 부산에 가서도 교수하면서 겸하여 목회를 하였다. 그리고 언제나 그랬듯이 주석하는 일을 멈추지 않았다. 2년 후에 그는 다시 본교에서 필요로 하여 서울로 갔다. 부산에 머무는 동안 그는 이미 완간된 시편 주석을 증보하여 떠날 무렵에 출판하였다.

한성교회 개척

1967년 3월 박윤선은 부산을 떠나 서울로 와서 사당동에 생활 터전을 마련하였다. 그의 교수 생활은 이제 바빠졌다. 1학년부터 3학년까지의 신약학 전 과목을 다 맡아 교수하였다. 1학년을 위해서는 성경 해석학, 신약 석의, 2학년을 위해서는 신약 석의, 복음사, 사도사, 3학년 반에는 신약 석의(「목회 서신」, 「요한계시록」의 교회론과 종말론), 신약 신학, 사도사를 강의하였다. 그리고 대학부 4학년을 위해서는 동양 철학 비판과 신약 개요를 강의하였다.

1968년 7월에 박윤선은 상도동에서 뜻을 같이하는 몇몇 성도들과 함께 한성교회를 개척하였다. 1974년에 그는 김진택 목사를 한성교회에 담임목사로 추천하여 세우게 하고 자신은 매월 첫 주일 공 예배 설교를 하는 것으로 협력하였다.

1970년에 박윤선은 두 교회에서 설교하면서 몸을 무리하여 병을 얻었다. 동산교회를 시무하던 김성환 목사가 안식년을 얻어 미국에 1년간 유학을 가게 되자 동산교회는 그 기간에 전임 목사인 박윤선에게 강단을 맡아달라고 간청하였다. 그는 이를 쾌히 수락하였다. 김성환 목사는 고려신학교에서 박윤선에게서 배운 제자로서 박윤선이 1964년 총신 신학대학원장의 보직을 맡을 때 그의 추천으로 동산교회 후임이 된 목사이다.

박윤선은 동산교회의 설교 사역을 1년간 맡았을 때도 한성교회를 계속 목회하면서 양 교회를 섬겼다. 주일이면 상도동에서 서대문으로 오가면서 설교하였다. 1971년 1월 김성환 목사가 귀국하자 박윤선은 한성교회만 섬길 수 있게 되어 홀가분해졌으나, 그 간에 이미 건강에 이상이 생겼음을 알게 되었다. 학교에서 많은 강의를 맡았을 뿐 아니라, 한 교회를 목회하며 설교하는 것도 벅찬 일인데 두 교회를 맡아 설교했으며, 게다가 주석하는 일까지 쉬지 않고 했으니 고희(古稀)를 바라보는 나이에 몸이 견디어 낼 수가 없었던 것이다.

박윤선은 1971년부터 한 해 동안 담석증 신병으로 미국에서 쉬면서 치료를 받았다. 약 10개월간 필라델피아와 로스앤젤레스에 머물면서 많은 성도들의 보살핌을 받으며 주석하는 일에만 전념하였다. 건강은 좀 호전되었다. 1972년 7월에 그는 학교의 간청으로 다시금 귀국하여 강의를 계속하였다.

총신대학교 은퇴

1974년 박윤선은 70세로 명신홍 박사와 함께 은퇴함으로써 11년간의 총신대학교 신학대학원 교수 생활을 마감하였다. 고려신학교 14년, 개혁신학교 3년과 봉천신학교의 2년을 합하면 30년간 교수 생활을 한 셈이었다. 은퇴 후에도 그의 교수 생활은 간헐적으로 계속되었다. 박윤선은 총신대학교 신학대학원에 교수로 있는 동안 13권의 성경 주석을 집필하였다. 즉, 「예레미야」, 「예레미야 애가」, 「에스더」, 「다니엘」, 「창세기」, 「출애굽기」, 「레위기」, 「민수기」, 「신명기」, 「잠언」, 「욥」, 「전도서」의 주석을 썼다.

1974년 11월 은퇴 후 박윤선은 로스엔젤레스로 가서 3년 7개월 동안 가족과 더불어 지냈다. 아내와 두 자녀는 1973년 7월에 미국으로 이민해 가서 로스앤젤레스에 정착하고 있었다. 로스앤젤레스에서 가족과 함께 지내는 동안 그는 마지막 남은 구약 중 3권의 주석을 완성하였다. 미국에서는 도서관을 이용하여 필요한 책들을 충분히 참고할 수 있어서 좋았다. 그런데 그와 그의 가족은 여전히 넉넉지 못한 생활을 하고 있었다. 부인은 1973년 로스앤젤레스로 간 이후부터 내내 봉재 공장이나 조립 라인에서 혹은 세탁소에서 일하며 가정 살림을 담당하였다. 미국에 머무는 동안 그는 넉 달 동안 필라델피아 중앙장로교회의 강단을 맡았으나 이번에도 건강 때문에 1976년 12월 로스앤젤레스로 돌아왔다. 1977년 6월부터 11월까지 총신에서 강의를 맡았다. 그 때도 그는 동산교회 강단을 맡아 설교하였다.

성경 주석 완간

총신이 다시 그를 불러서 박윤선은 1979년 2월에 한국으로 와서 3월에 Th.M.과 M.A. 과정의 대학원 원장직을 맡았다. 그해 10월에 그는 『에스라·느헤미야·에스더 주석』의 집필을 끝냄으로써 신구약 66권의 주석을 20권의 책에 수록하여 완간하는 대업을 이루었다. 1949년 『요한계시록 주석』을 처음으로 출판한 이후 30년의 각고 끝에 결실을 보게 된 것이다.

박윤선은 늘 기쁨과 감격 속에 성경을 주석하는 일에 자신의 모든 것을 바쳐 정진했다고 회고한다.

> "하나님의 말씀은 건조한 이론이 아니라 생명과 기쁨을 내포하고 있다고 믿는다. 나는 성경을 주석할 마음으로 늘 뜨겁게 되어 있다. 이런 소원이 있었기에 신구약 66권을 해석할 수 있었다. 나에게 성경 주석 사업보다 더 기쁜 일이 없었다. 다른 일을 하면서도 속히 책상으로 돌아가 성경 해석을 하고 싶은 마음뿐이었다. 나는 늘 성경을 묵상하면서 오늘까지 살아왔다. 기차 여행 때도 글을 쓸 수 있는 2등 칸을 타고 주석하면서 여행하곤 했다."[75]

1979년 10월 9일 총신대학교 강당에서 주석 완간을 감사하는 예배가 있었다. 「기독신보」는 사설에서 박형룡의 신학 저작과 박윤선의 성경 주석을 가지게 되었으므로 한국 교회가 세계 교회와 비교하여 학문성에서도 뒤지지 않게 되었다고 하며 두 신학자를 한국 교회의 스승으로 칭송하였다.

---

[75] 박윤선, "나의 생애와 신학", 「크리스챤 신문」, 1980년 5월 24일; 유영기, 앞의 글, 291 이하에서 재인용.

이보다 한 달 앞서, 1979년 9월 3일 박윤선의 모교인 웨스트민스터신학교는 학교 개교 50주년을 기념하는 자리에서 박윤선을 포함한 네 사람에게 명예박사 학위를 수여하였다. 교장은 학위를 수여하면서 박윤선을 "한국에서 가장 위대한 업적을 남긴 성경학자"로 소개하였다. 한국 교회를 위한 헌신과 남긴 업적으로 보아 그는 명예박사를 받고도 남음이 있었다.

그와 함께 명예박사 학위를 받은 다른 세 사람 중 한 사람은 한부선 선교사였다. 박윤선과 한부선은 웨스트민스터신학교에 같은 해 입학하여 급우로 만났고, 고려신학교 시절에 동료로서 함께 일했다. 그 후 내내 뜻을 같이하며 우정을 나누어 온 두 친구가 함께 모교에서 명예박사 학위를 받게 되었으니 참으로 경하할 일이었다. 한부선 역시 한국 교회를 위하여 공헌한 그의 업적을 높이 평가받은 것이다. 위에서도 말한 바와 같이, 그는 한국과 한국 교회를 진정으로 사랑한 선교사이다. 은퇴하여 그의 본국 미국에 사는 동안에도 1992년 89세를 일기로 소천할 때까지 한인 교회들을 방문하며 집회를 인도하였다.

9. 박윤선의 주석과 신학

성경 주석과 저술 활동

한국 교회가 선교 백년을 앞두고 한 사람의 손으로 쓴 성경 전권의 주석을 갖게 된 것은 참으로 다행하고 자랑스러운 일이다. 박윤선의 주석은 한국 교회의 수많은 목회자들의 서재에 꽂혀 있어서 그들의 설교 준비를 돕고 그들에게 많은 영향을 미쳐 오고 있다. 성경 주석 책을 취사선택할 여지가 별로 많지 않던 시절에 많은 설교자들이 성경 해석을 주로 그의 주석에 의존하였다. 그의 주석은 설교자들 뿐 아니라 성경 공부 그룹들을 위한 교재로도 사용되었다.

장로회 총회가 1934년에 편찬하기로 한 『표준성경주석』으로는 제일 먼저 욥기와 시편 주석을 한데 묶은 책이 간행되었으며, 뒤이어 1961년 이전까지 『잠언·전도·아가서 주석』, 『로마서·고린도전후서·갈라디아서 주석』, 『요한

복음 주석』,『창세기 주석』,『마가복음 주석』,『사도행전 주석』이 간행되었다. 그밖에 그 즈음에 나온 개인 주석으로는 장로교 통합 측의 이상근 박사의 주석과 성결교 김응조 목사의 성서 대강해가 있어서 한국 교회에 도움을 주고 있었다.[76]

박윤선은 1938년『표준성경주석 고린도후서』를 집필하기 시작하여 1979년『에스라·느헤미야·에스더』를 내놓음으로써 성경전서 주석을 완간하기까지 40년간 주석 집필을 거의 쉬지 않았다.

박윤선의 주석은 우선 그 분량이 엄청나다. 구약 주석은 총 7,347쪽에 달하고 신약 주석은 총 4,255쪽에 달한다. 1988년 소천하기까지 그는 주석을 증보하는 일을 쉬지 않았다. 증보한 분량만 해도 8,382쪽에 달한다.[77] 그의 주석 책에 쓰인 글씨는 일반 신학 서적에 사용된 글씨에 비하여 아주 작으므로 그 분량은 쪽수로 추정할 수 있는 것보다 훨씬 많다.

그밖에도 그가 쓴 주요한 저서를 들자면,『성경신학』(1971년, 229쪽),『헌법 주석』(1983년, 221쪽), 역서로는『웨스트민스터 신앙고백서』(1989년 소천 후 발간, 216쪽)등이 있으며,

---

76) 권성수, "박윤선 박사의 성경 해석학",『박윤선의 생애와 사상』, 199.
77) 같은 책, 173 이하.

설교집으로 『영생의 원천』(1970년, 243쪽), 『응답되는 기도』(1974년, 316쪽), 『주님을 따르자』(1975년, 235쪽) 등이 있다. 그리고 2003년 출간된 그의 유작 『개혁주의 교리학』(755쪽)이 있다. 이 책은 박윤선이 여러 신학교에서 필요에 따라 교리학을 여러 차례 강의하면서 남겨 둔 원고를 제자들이 출판한 것이다. 교리학이 자신의 전공 분야가 아니므로 출판할 생각을 하지 않고 두었던 것이다.

박윤선은 주석 이외의 책으로 2,215쪽을 집필했을 뿐 아니라, 고신의 「파수군」에 218편, 총신의 「신학지남」에 40편, 합동신학교의 「신학정론」에 12편의 논문을 발표하였다.

박윤선의 저서는 1950년에 설립된 성문사(聖文社)에서 출판하다가 1961년부터는 영음사(靈音社)로 개명하여 오늘에 이르기까지 최초의 설립 목적대로 박윤선의 저서만 출판하고 있다. 그의 성경 주석을 발간된 연도별로 나열하면 아래와 같다.

『요한계시록』(1949), 『공관복음』(1953), 『로마서』(1954), 『바울서신』(1956), 『히브리서·공동서신』(1956), 『요한복음』(1958), 『사도행전』(1961), 『고린도전·후서』(1962), 『소선지서』(1962), 『이사야서』(1964), 『예레미야서·애가서』(1965), 『에스겔·다니엘서』(1967), 『창세기·출애굽기』(1968), 『레위기·민수기·신명기』(1971), 『잠언』(1972), 『욥기·전도서·아가서』(1974), 『여호수아·사사기·룻기』(1976), 『사무엘서·열왕기·역대기』(1978), 『에스라·느헤미야·에스더』(1979).

성경관

박윤선은 그의 주석 책들마다 서두에 책의 저자와 연대 문제 등에 관한 비판적인 견해에 대항하여 전통적인 견해를 지지하고 변증하며 간략하게 기술한다. 그의 창세기 주석에서는 서두에 구약의 총 서론을 다루면서 약 20쪽에 걸쳐 구약의 사본들과 역본들을 소개하고, 구약의 정경론을 말하면서 먼저 성경적 증거를 말하고, 정경 형성에 대한 그릇된 이론을 비판하며, 모세 오경의 저작설을 변증하면서 문서설과 종교사학파의 고등비평을 비판한다. 그밖에도 여러 주석에서 간간히 성경 비평에 대한 비판을 시도한다.

예를 들면, 요한복음 10:34-36의 말씀을 주석하면서 <특별참고>에서 '성경의 권위에 대하여' 논하는 한편 그릇된 신학과 성경관을 소개하며 현대 신학자들의 성경관을 비판한다.[78] 즉, 먼저 하르낙(Harnack)을 위시하여 리츨(Ritschl), 헤르만(Herrmann) 등의 구자유주의자들은 성경을 하나님의 말씀이

---

78) 박윤선, 『성경주석 요한복음』, 영음사, 1958^1, 개정판 1970, 2002^{20}, 337이하.

라고 하지 않으며, 예수님을 도덕 수준이 높은 인물로만 믿고 하나님이라고 하지 않는 신학 운동을 전개한다고 말한다. 그리고 궁켈(H. Gunkel)을 위시하여 디벨리우스(Dibellius)와 불트만을 통하여 더욱 발전하게 된 종교사학파 운동을 비판한다. 종교사학파 운동은 성경이 보도하는 예수 그리스도의 초자연적 행적과 말씀을 모조리 후대에 삽입된 것으로 주장하면서 배척하는 것은 잘못이라고 말하며 성경의 권위를 인정하는 것이 옳은 신학이라고 선포하는 식으로 말한다.

"우리는 성경의 권위가 바로 하나님 말씀의 권위라는 것을 잘 알고 있다. 우리는 예수님을 하나님의 아들로 믿는다. 그 이유는, 성경이 그렇게 증거하기 때문이다. 누가 묻기를, '성경을 믿을 이유가 무엇인가?' 하면, 우리는 '그것이 하나님의 말씀인 까닭이다.'라고 대답한다. 또 다시 묻기를 '그것이 하나님의 말씀인 줄 어떻게 아는가?' 하면, 우리는 대답하기를, '성경 자체가 그렇다고 하기 때문이다'라고 한다.
또 다시 묻기를, '그것이 하나님의 말씀인 줄 어떻게 아는가?' 하면, 우리는 대답하기를 '성경 자체가 그렇다고 하기 때문이다.'고 한다."

그리고 박윤선은 바빙크의 말을 인용한다.

> "화육(化肉)하신 그리스도께서 낮아지신 연약한 사람이시지만 죄는 없으신 것과 같이, 하나님의 말씀이 인간의 말로 기록되었으나 전체적으로 신적(神的)이다. …… 과학적 사실에 관계된 성경 말씀도 언제나 참되다. 그 이유는, 성경이 그런 일에 있어서 학문의 술어를 사용하지 않고 통상 용어를 사용하기 때문이다. 만일 성경이 과학 술어를 사용하였다면, 시대를 따라 변하는 과학처럼 변할 성격을 가졌다고 할 것이다. 그러나 성경은 통상적 술어로써 영원한 진리를 말한다."

박윤선은 성경은 곧 하나님의 말씀으로서 절대적 권위를 가진다고 시인하며 확신한다. 그는 워필드가 예수께서 성경의 절대 권위를 믿으시고 또한 성경 말씀은 반드시 성취된다고 믿음으로써 만전 영감(plenary inspiration)을 믿으신 것이라고 확신한다면서 워필드의 견해를 지지한다. 그는 또한 아브라함 카이퍼의 말도 인용한다.

> "나는 성경이 하나님의 말씀인 줄 믿습니다. 그것은 나의 사고의 논리에 의해 얻은 것이 아니라 성령의 감동으로 성경이 하나님의 말씀인 것으로 믿습니다. 성경이 하나님의 말씀인 것은 어떤 논리로 한 것이 아니요, 성령의 감동으로 그렇게 믿습니다. 이것을 신비주의라고 말하려면 하시오."[79]

성경 주석과 칼빈주의

박윤선은 자신의 주석을 자평하여 칼빈주의 성경 해석 원칙을 따랐다고 하면서 그가 제일 먼저 낸 『요한계시록 주석』 서론에 개혁주의 성경 해석 원칙이 어떤 것인지를 말한다.

① 성경을 하나님의 말씀으로 믿음이니, 칼빈이 말한 것처럼, 성경의 권위는 하늘에서 바로 내리는 하나님의 음성과 다름이 없다.
② 성경은 독자적 신임성을 가졌으므로 타자의 증명이나 인허를 요하지 않고 자성립 또는 자증하는 진리이다.
③ 우리가 성경을 진정으로 알려면 성령의 내증(內證)에 의하여 눈이 열려야 한다.
④ 가경(假經)은 성경이 아니다.
⑤ 성경은 그 원어에 의하여 해석되어야 완전하다.
⑥ 유전을 따르고 그것에 의존하는 해석 사상을 배척한다.
⑦ 성경 해석에 대한 최후 심판자는 성경 자체이다.
⑧ 개혁주의는 성경 계시의 필연성, 성경의 완전성, 성경의 충족성, 성경의 명백성을 믿는다.
⑨ 성경을 인간의 자의대로 억지로 해석하지 않아야

---

79) 박형용, "박윤선 박사의 잠언적 교훈", 『박윤선의 생애와 사상』, 258.

한다.
⑩ 문리적(文理的) 해석의 필요성을 인정한다.
⑪ 역사적 해석의 필요성을 인정한다.
⑫ 성경에서 취하는 정당한 추론의 교훈을 하나님의 뜻으로 여긴다.
⑬ 성경 해석에 있어서 역사적 교리를 존중하여 참조한다.
⑭ 의미가 불분명한 구절은 분명한 구절에 비추어 그 의미를 밝힌다.

박윤선이 참고한 책들이 주로 칼빈과 칼빈주의자들, 즉 헤르만 바빙크, 보스, 흐로쉐이드, 리더보스, 스킬더, 워필드, 흐레이다너스, 찰스 핫지 등의 책이다.[80] 박윤선이 화란 신학자들을 좋아하게 된 것은 1953년 화란에 유학 가기 훨씬 이전인 1936년 웨스트민스터신학교에서 메이천의 강의를 들을 때부터였으며, 그 때 이미 화란어를 배우기 시작했음은 위에서 언급한 대로이다.

박윤선은 특히 바빙크의 『개혁교의학』을 좋아했으며, 이미 1949년에 나온 『요한계시록』주석 초판에 카이퍼, 바빙크, 스킬더 등과 함께 흐레이다너스의 『신약성서 주석』을 주로 참

---

[80] 장해경, "정암신학의 배경으로서 화란신학", 「신학정론」, 합동신학대학원대학교, 제22권 2호, 2004, 295-337.

고하고 있다. 그가 자주 인용하는 또 다른 신학자 흐로쉐이드와는 자유대학에서 유학할 때 개인적으로 교제하였다고 한다.

이러한 화란 신학자들이 박윤선을 통하여 처음으로 한국에 소개되었다. 그러나 주석을 쓰는 그의 목적은 학문적인 것을 다루거나 소개하기보다는 주일 공 예배에서 뿐만 아니라 주중에도 수요 예배와 새벽 기도회를 인도하는 등 여러 차례씩 설교해야 하는 한국 교회 목회자들에게 실제적인 도움을 주고자 하는 데 있었다. 말하자면, "한국 교회의 강단이 메마르지 않도록 하기 위해서"였다.

박윤선의 주석은 간결하게 쓴 편이며, 천여 개의 많은 간추린 설교와 설교 자료를 각 장의 끝에 첨가하고 있다. 그의 주석 책들 서두에 보면 본문 주석의 차례 다음에 설교의 차례를 적어 본문의 장절과 제목을 소개하고 있다.

그의 주석은 먼저 각장의 본문을 인용하고 이어서 <내용분해>라고 하여 각 장의 본문의 내용을 간략하게 분석한다. 그리고 <강해>에서 그 장에 담고 있는 중요한 주제에 관하여 설명하고 <해석>에서 절을 따라 가며 주석을 한다. 그리고는 본문 내용의 말씀을 주제로 하는 설교를 위하여 <설교재료>에서 설교 재료를 소개하고 <설교>에서 한 편 이상의 범례가 될 수 있는 짤막한 '설교'를 첨부한다. 그리고 필요한 경우에는 <특별 참고> 혹은 <평주>에서 신학적인 논의를 다룬다.

영음사에서는 1999년에 독자의 편이를 위하여 그의 주석에 실린 설교를 성구 순을 따라 배열하면서 설교 제목을 달고 성경 주석의 출처를 명시하는 『색인집』을 발간하였다.[81]

주석의 설교와 예화

박윤선은 설교에서 예화는 숨통을 트게 하는 창문과 같다고 하는 자신의 지론을 따라 그의 주석에 첨부한 <설교>에도 풍성하게 예화를 들고 있다. 예화를 드는 설교는 한국 교회에서 선교사들이 전수해 준 오랜 전통이기도 하다.

서영일은 박윤선이 여러 예화집에서뿐 아니라 교회사, 기독교 전기물, 뉴스, 고전 문헌, 특히 중국 고전, 개인의 경험 등에서 취하고 있는데, 때로는 확인 절차를 거치지 않고 순전히 자신의 기억에만 의존하여 예화를 들고 있어서 역사적인 일화의 경우 사실과는 다른 얘기도 있다고 지적한다. 그런데 그것은 예화집 자체에도 더러 허구적인 이야기들이 실려 있어서 그런 것으로 이해한다.

---

81) 『정암 박윤선 목사 저작 전집 색인』, 영음사, 1999.

일반적으로 목회자들이 예화로 드는 역사적인 인물들의 일화 중에는 출처 불명의 허구적인 이야기들이 더러 있다. 예를 들면, 루터가 보름스 왕국회의에서 자신의 주장을 철회하든지 그렇지 않으면 재판을 받든지 양자택일을 해야 하는 문제를 두고 고민할 때의 일을 소설화한 이야기는 한국 교회 설교자들에게서 흔히 듣는 이야기이다.

루터가 사느냐 죽느냐의 문제를 두고 고민하고 있는데, 부인이 소복을 입고 울고 있어서 루터가 왜 울고 있느냐고 물었더니 부인의 대답이 하나님이 죽었으므로 운다고 했다. 하나님이 죽다니 그게 무슨 말이냐고 묻자 부인은 하나님이 죽지 않았으면 왜 고민하느냐고 했다는 것이다. 부인의 말을 듣고 루터는 용기를 얻어 이튿날 왕국회의에서 황제 앞에서 자신의 주장을 철회하지 않겠다고 말하고 출교, 즉 파문의 선고를 감수했다는 이야기다.

왕국회의에 루터가 출두한 해는 1521년이고, 그가 결혼 한 해는 1525년이다. 루터는 아내 될 사람과 오래 사귀고 있었으나 건덕을 위하여 공개할 처지가 아니었다. 게다가 사지(死地)나 다름없는 왕국회의에 피의자 신분으로 가는 사람이 설사 아내가 있었다고 해도 대동할 수 있는 상황이 아니었다. 그러므로 위의 이야기는 너무나 엉성하게 꾸며진 허구적인 이야기(fiction)이다. 박윤선의 주석 설교에도 이런 유의 감동

적이기는 하나 사실 무근의 예화들이 간혹 있다.[82]

풍유적 해석

성경을 해석함에 있어서 성경을 성경으로 해석해야지 풍유적(allegorical) 해석을 해서는 안 된다고 강조하며, 이를 극복하려고 한 이가 종교개혁자 루터와 칼빈이었다. 박윤선은 종교개혁자들의 견해를 존중하여 풍유적인 해석은 금물이라고 말한다. 그러면서도 그는 자신의 주석에서 더러 풍유적으로 해석하고 있으며, 특히 설교에서는 풍유적인 해석에 근거한 설교를 자주 하고 있음을 발견한다.

풍유적인 해석은 성경 말씀을 영적으로 해석한다면서 지나치게 주관적으로 해석하여 성경이 본래 말씀하려는 뜻을 잘못 전달할 위험이 있으므로 풍유적인 해석은 할 수 있는 대로 지양해야 할 것으로 이해하는 것이 오늘날의 상식이다. 그러나 풍유적인 해석을 무조건 부정적으로 볼 수만은 없다. 왜냐하면 성경은 그 자체에서 풍유적인 해석을 하고 있거나 그런 해석을 요하는 부분이 많기 때문이다.

예수께서 말씀하신 비유들 가운데 많은 비유들이 그러하다.

---

82) 서영일, 앞의 책, 249-251.

씨 뿌리는 비유(마 13:3-9)의 경우는 그 의미를 묻는 제자들에게 예수께서 친히 풍유적인 해석으로 설명하신다(마 13:18-23). 그밖에도 잔치에 초대하는 임금의 이야기(마 22:1-14, 눅 20:9-18), 잃은 양을 찾는 목자 비유(눅 15:3-7), 잃은 동전을 찾는 여자 비유(눅 15:8-10)와 탕자 비유(눅 15:11-32) 등등이 그런 해석을 요하는 이야기들이다. 「에베소서」 6:10-17에 "하나님의 전신갑주를 입으라"라고 하는 말씀 역시 순전히 풍유적인 해석을 요하는 말씀이다.

구약 성경에도 풍유적으로 해석해야 할 부분이 많이 있다. 예를 들면, 「아가서」는 내용 전체가 그러하고, 「전도서」 11:1-11에 사람의 노쇠 현상을 묘사하는 비유가 그러하며, 「에스겔」는 영해, 즉 풍유적으로 해석해야 할 말씀으로 가득하다.

풍유적인 성경 해석, 즉 영해는 교회 역사에서 초대 교회 교부들로부터 중세를 거쳐 오랫동안 전수되어 온 성경 해석 방법이다. 성경의 만전적 영감설 혹은 축자적 영감설을 믿는다고 할 때, 성경의 말씀 한마디 한마디가 다 하나님의 말씀이므로 낱낱이 다 해석할 의미가 있는 것으로 생각하기가 쉽다. 그런 생각이 성경의 영감설을 반드시 옳게 이해하는 것일 수는 없으나 많은 이들이 그렇게 이해한다. 성경의 낱말 한마디 한마디를 다 의미 있는 것으로 생각하고 그 의미를 묵상하다보면 자연히 풍유적인 영해를 하게 마련이다.

그러나 우리가 유의해야 할 것은 성경 자체의 풍유적인 해석은 그 해석 자체가 권위요, 해석의 근거이지만, 성경이 말씀하는 사물을 두고 우리가 해석할 때는 성경적인 근거에 두고 해야 한다는 점이다. 즉, "성경은 성경으로 해석해야 한다."는 원칙에 충실해야 한다는 점을 유의해야 한다. 그렇지 않으면 신빙성이 없는 자의적인 해석을 하기 쉽다.

박윤선이 풍유적인 해석을 하고 있는 전형적인 한 예를 「누가복음」 10:25-37에 있는 선한 사마리아인의 비유에 대한 주석에서 볼 수 있다. 선한 사마리아인의 이야기는 초대 교회 교부들도 구원론적으로 이해하여 풍유적으로 해석하였다. 즉, 불한당을 만난 사람은 우리 죄인들을 비유하며, 이를 구해 준 사마리아인은 예수를 비유하고, 주막은 교회를 비유하며, 두 데나리온은 신약과 구약을 비유한다고 하는 등의 해석이다.

박윤선은 그의 주석 <해석>에서는 이런 유의 풍유적인 해석은 취하지 않는다. 그러나 본문의 적용, 즉 <설교>에서는 전적으로 풍유적으로 해석한다. 그는 설교를 (1) 죽어가는 세상, (2) 죽어가는 인류를 구원하는 자 누구냐? 하며 두 대지로 나누어 시종 영적인 구원자와 구원을 주제로 하는 설교로 일관한다. 그래서 <설교>에서는 상처에 부은 기름과 포도주는 복음을 비유한다고 한다.

"예수님이 보신 대로의 죽어 가는 세상은 무엇인가? 그것은 돈이 없어 죽어가는 육체적 생활의 빈핍(貧乏)을 의미하지 않는다. 그것은 예수님께서 말씀하신 대로, '사람의 생명이 그 소유의 넉넉한 데 있지 아니하니라.'(눅 12:15)고 하신 것을 보아서 알 수 있다 …… 우리는 육신의 참상을 보는 것보다 영혼의 참상을 볼 줄 알아야 된다. 인간의 최대 불행은 죄에 빠진 상태이다 …… 제사장이나 레위인으로서 불쌍한 자를 돌보지 않고 다른 길로 피하는 자가 많다. 제사장으로 구원함은 영적 구원을 의미하는데, 영적 구원을 줄 수 있는 길은 불문(不問)에 붙이고 딴 길로 가는 자들은 사회사업이나 구제 사업을 대신 취하는 자들이다. 영적 구원의 운동을 피하고 구제 사업이나 인도주의로 기울어지는 자들이 오늘날 많다. 오늘날은 회개를 말하는 자가 축출을 당하고 사회사업과 및 육체적 평안과 출세에 유조(有助)한 운동이라면 환영 받는 시대이다."[83]

제사장과 레위인은 불한당 만나 죽게 된 사람을 못 본척하고 지나갔다는 비유의 말씀은 백성의 지도자들이 하나님께 제물을 바치며 하나님을 섬긴다면서 과부와 고아 등 이웃은 돌아보지 않는 것을 책망하는 구약 성경의 말씀(사 1:10-17;

---

83) 박윤선, 『성경 주석 공관복음』, (서울: 영음사 개정판 25쇄, 2003) 510.

암 5:21-24; 미 6:6-8)과 신약 성경의 야고보서나 요한일서에서 하나님을 향한 우리의 사랑은 이웃 사랑을 통하여 입증된다고 하면서 이웃을 돕는 구제 봉사를 거듭 강조하는 말씀과 상응하는 말씀이다. 그런데 박윤선은 이를 설교에서 오히려 정반대로 해석하고 있어서 그의 신령주의적인 면모를 엿볼 수 있다.[84]

19세기의 자유주의 신학의 영향으로 많은 신학자들이 사회와 문화에 더 관심을 가지게 되었으며 사회복음주의자들은 구령을 위한 복음 전파보다는 사회사업에 더 관심을 갖는 세상이 되었으므로, 이에 대한 반성에서 신학자와 목회자들이 구령 사업에 관심을 가져야 한다고 주의를 환기시키는 것은 당연히 할 만한 일이다. 그러나 그런 설교는 다른 본문에서 해야 할 것이다.

여기 선한 사마리아인의 이야기는 문맥으로 보아서 가난하거나 고난을 당하는 이웃을 돌보아야 한다는 말씀으로 이해하는 것이 옳다. 한국 교회는 초기부터 전도 및 선교에는 열

---

[84] 신령주의(Spiritualism)는 기독교 신앙에서 영적인 것을 희구하여 현세적인 것을 소홀히 하며 금욕적인 성향을 동반하는 신앙과 사상을 말한다. 영적인 것을 희구하는 것이 지나치면 신비주의로 기울 수 있으나 온건한 신령주의적인 신앙은 교회의 영적인 부흥과 쇄신을 위하여 긍정적인 역할을 한다. 초대와 중세의 수도원 운동, 재세례파 운동, 경건주의 운동, 부흥 운동 등이 신령주의적인 성향의 운동이다.

심이었으나 구제 봉사는 소홀히 함으로써 교회가 해야 하는 과업을 균형 있게 수행하지 못했다. 선한 사마리아 사람에 대한 말씀을 한국 교회의 취약한 부분을 지적하고 그러한 불균형을 반성하도록 촉구하는 말씀으로 전해야 할 것인데 도리어 이 본문마저도 영적인 구원을 위한 말씀으로 전하는 것은 애석한 일이다.

박윤선이 칼빈주의 성경 해석 방법을 지향한다고 했으나 왜 풍유적인 해석을 탈피하지 못했을까? 그 이유를 두어 가지로 생각해 본다.

박윤선은 성경은 성경으로 해석해야 한다고 하며 그것이 곧 개혁주의 성경 해석 원리이요, 예수께서도 친히 따르신 원리라고 말하면서 성경을 옳게 이해하기 위해서는 문법적 해석, 역사적 해석, 심리적 해석, 학문적 해석을 적용해야 한다고 하며, 마지막으로 영적 해석의 중요성을 말한다. 즉, 성경을 해석함에 있어서 과학적, 신학적 지식보다 더 중요한 것은 영적 지식이라는 것이다. 성령의 인도 없이는 성경 해석을 바로 할 수 없다. "성경에 대한 생명 있는 교통과 성령님의 조명"이 있어야 성경을 바로 해석할 수 있다. 성령의 도움이 있어야 비로소 "성령님이 의미하신 참뜻"을 찾아낸다고 한다.[85]

---

85) 박윤선, "성경 해석 방법론", 「신학지남」 32권 2호(1966.3), 22; 권성수, "박윤선 박사의 성경 해석학", 『박윤선의 생애와 사상』, 209.

성경 해석에서 성령의 조명은 반드시 필요한 것이지만, 성령의 조명에 의지한다는 영해가 때로는 주관적이며 풍유적인 해석으로 발전할 수 있으므로 그렇게 되지 않도록 조심해야 한다. 박윤선은 영해를 강조하며 영해를 위하여 기도하다보니 풍유적인 해석을 시도하게 되었을 것으로 이해한다. 그뿐 아니라 그가 풍유적인 해석이 만연한 한국 교회에서 성장했으므로 그런 해석에 익숙해 있어서 그런 정서에서 벗어나기가 쉽지 않았을 것이다. 그리고 그가 자신의 주석으로는 제일 먼저 내놓은 성경 주석이 『요한계시록』이었던 것도 이유 중 하나일 수 있다.

칼빈은 성경 전권을 거의 다 주석했으나 「요한계시록」은 남겨 두었다. 아마도 인문주의 배경에서 자라고 교육을 받아 남달리 합리적으로 사고한 신학자였으므로 상징적인 언어로 가득한 「요한계시록」을 풀이할 생각이 없었거나, 아니면 용기가 나지 않았던 것이라고 생각할 수 있다. 여하튼 칼빈은 그런 점에서 자신의 신학 논리에 충실하며 일관성을 유지한 신학자였다.

칼빈과는 달리, 박윤선은 「요한계시록」을 암송할 정도로 좋아했으므로 그 주석을 제일 먼저 저술하여 출판하였다. 신현수 교수의 증언에 따르면, 박윤선이 그의 말년에 몸담고 있던 화평교회에서 오후 성경 공부 시간에 「요한계시록」을 강해했다고 하니 그가 「요한계시록」을 얼마나 좋아했는지 알 수 있다. 위에서도 언급한 바와 같이, 「요한계시록」은 초기 한국 교회에서는 부흥사들이 사경회를 인도할 때 늘 교과서로 사용할 정도로 선호한 책이다. 당시 한국에는 기울어가는 국운과 혼란한 사회 환경 때문에 종말 사상이 만연해 있었으며, 교회는 경건주의 및 부흥주의의 영향을 받았을 뿐 아니라 핍박 하에 있었으므로 천년왕국을 믿는 종말 신앙을 갖게 되어 「요한계시록」에 특별한 의미를 두고 있었다.

「요한계시록」은 상징적인 언어로 쓰였으므로 많은 상상력을 동원하여 영적인 해석을 시도하지 않고는 본문을 해석할 수 없는 책이다. 박윤선은 이 책의 주석을 그의 주석 활동 초기에 시도했으므로 영적인 해석과 풍유적인 해석에 이미 익숙하게 된 것이라고 생각한다.

모형론과 풍유적 해석

그뿐 아니라, 그의 『레위기』 주석(1971년)을 보면 풍유적인 해석을 좀 더 빈번히 볼 수 있다. 『레위기』는 특히 제사 제도에 관하여 많은 말씀을 하고 있는 책이므로 상당한 정도로 영적인 해석을 요하는 책이기도 하다. 신약 성경, 특히 「히브리서」는 구약 시대의 제물과 제사 제도를 십자가에 달려 죽으신 예수 그리스도와 그의 구속 사역의 모형이라고 말씀한다. 이러한 모형론(typology)에 근거한다면, 「레위기」의 본문 해석에서 모든 제물을 예수 그리스도를 가리키는 상징으로 보는 것은 옳은 해석이다. 그러나 모형론의 한계를 넘어서 풍유적으로 해석하는 것이 문제이다.

제사 제도나 제물이 곧 예수 그리스도의 모형이라는 말은 예수 그리스도께서 희생 제물이 되신 사실을 가리켜 하는 말이다. 다시 말하면, 구약의 사건이나 특정한 사물을 가리켜 그리스도의 모형이라고 하는 뜻은 그것들이 그리스도의 구속 사역이나 그 기능을 예표한다는 것이지 그리스도의 인격과 성품 등 그에게 속한 모든 것을 예표하는 것이 아님을 분별해야 한다.

제사 제도나 제물을 그리스도의 제물 되심의 모형으로 볼 경우, 그것은 모형론의 범위를 벗어나지 않지만, 제물의 속성을 그리스도의 인격이나 성품을 가리킨다고 말하거나, 심지어 제물로 드리는 짐승의 부위를 가리켜 그리스도의 몸의 특정한 부분을 상징하는 것이라고 해석하면, 그것은 모형론의 한계를 넘어선 아주 짙은 풍유적인 해석이 되고 만다. 박윤선의 레위기 주석에는 모형론적인 해석의 한계를 넘어 상당히 짙게 풍유적인 해석을 시도하고 있는 부분을 볼 수 있다.

예를 들어, 「레위기」 2장에서 짐승 아닌 곡물로 드리는 소제(素祭)도 짐승을 희생하여 드리는 제물과 마찬가지로 그리스도를 가리키는 모형이라고 한다. 그것은 옳게 말한 것이다. 그런데 소제는 그리스도께서 그의 모든 노력을 하나님께 바치신 데 대한 모형이라고 하며, '고운 가루'는 곡식이 가루가 되도록 희생이 된 것 같은 그리스도의 노력을 비유한다는 해석은 모형론적인 해석을 넘어선 풍유적인 해석이다.

「레위기」 2:14-16, "첫 이삭을 볶아 찧은 것으로 너의 소제를 삼되"라는 말씀에서 '볶아 찧은 것'은 그리스도의 수난을 상징한다고 해석하고 있다. 이러한 해석은 이미 모형론을 넘어선 풍유적 해석이다. 이 말씀을 평이하게 이해하면, 빵을 주식으로 하는 문화권에서는 빵을 만들기 위해서는 곡식을 먼저 빻아 가루로 만드는 것이므로, 빵을 만들 준비가 된 곡식 가루를 제물로 가져와야 한다는 말씀으로 이해하는 것이 정상일 것이다.

박윤선은 또한 「민수기」 28:5-7에서 제물로 말씀하는 '고운 가루'는 그리스도의 완전하신 인간성에 의하여 이루어진 노력과 순종을 비유하고, '기름'은 성령을 비유하며, '독주'는 그의 기쁜 순종을 비유한다고 한다.

박윤선의 이러한 풍유적인 해석은 우리에게 뜻밖의 설명으로 다가온다. '독주'가 그리스도의 기쁜 순종을 가리키는 비유라는 해석이 어디에 근거를 두고 하는 것인지 알 수가 없다. 더욱이 '기름'을 가리켜 성령을 비유한다는 말은 전혀 적절하지 못한 해석이다. 일반적으로 기름은 성령을 비유하는 것이라고 해석하는데, 설사 그 해석을 받아들인다고 하더라도 기름을 제물로 함께 드리는 대목에서는 그럴 수 없다. 그리스도는 제물이 되셨지만, 성령께서 그리스도와 함께 제물이 되신 것은 아니기 때문이다.

그리고 성경 본문에서는 고운 가루, 기름, 독주 하나하나를 별개로 드리는 제물로 말씀하고 있지 않다. 기름은 고운 가루에 섞으라고 말씀하고 있으며, 독주는 제물로 드리는 어린양에 뿌리라고 말씀하고 있음에 유의해야 한다. 이 말씀들을 그 개체에서 오묘한 뜻을 찾으려고 하지 않고 그냥 이해하면, 고운 가루에 섞는 기름은 빵을 굽거나 전을 붙일 때의 재료로 필요한 것이며, 독주는 고기 살을 부드럽게 하며 향과 맛을 내기 위한 재료로 쓰이는 것이므로 어린양으로 드리는 제물을 위한 부수적인 재료일 뿐이다.

박윤선은 지나치게 자유로운 영해는 삼가고 있으나 할 수만 있으면 영적인 의미를 찾으려고 한다. 「레위기」 6:10-11의 말씀에서 그는 제사장이 의복을 입는 자세한 법규에 대하여 신령한 뜻을 알아내기 어렵다고 말한다. 그러면서 한 가지 확실한 것은 거룩한 제사를 드림에 있어서 법규가 자세한 것이 사실이라고 하며, 하나님께서 이와 같이 이스라엘에게 자세한 규칙을 주신 목적은 하나님께 대한 그들의 순종 여부를 보시려는 데 있기도 하다고 평이하게 해석한다.

박윤선의 풍유적인 해석은 신령주의적인 색채가 가미되어 있으나 개혁주의적인 성경 해석의 바탕에 근거하고 있으며 기독론과 구원론 중심으로 일관하고 있어서 크게 문제될 것은 없다. 그는 초대 교회 교부들이 당시대의 사람들을 위해서 그랬듯이 풍유적인 영해를 통하여 신학적으로 아직 성숙하지 못한 한국 설교자들과 신자들에게 친근하게 다가갔던 것이다.

그러나 교인들이 풍유적인 해석에 익숙하면 잘못된 성경해석에 쉽게 미혹될 수 있다. 성경을 자의적으로 해석하여 사람들을 미혹하는 거짓 교사들과 이단들의 강력한 도구는 곧 풍유적인 해석이다. 박윤선 주석의 풍유적인 해석이 한국의 설교자들에게 지나치게 자의적인 영해를 시도하는 것을 허용하고 방치한 것이 되었다면, 그리고 교인들에게 그러한 해석에 익숙하게 만들었다면, 그것은 결코 성경 해석에 긍정적인 보탬이 된 것이라고는 할 수 없을 것이다.

바르트 비판

예수 그리스도의 십자가와 부활이 실제로 있었던 역사에 근거한 것이 아니라는 역사주의에 압도되어 기독교를 윤리적인 종교요, 문화에 봉사하는 종교로 이해하는 19세기의 자유주의 신학에 반기를 들고 기독교가 가진 본래의 의미를 찾자는 것이 바르트에서 비롯된 신정통주의 운동이다. 그러므로 독일에서는 초기의 신정통주의가 자유주의보다는 정통주의에 가까운 것으로 이해하기도 한다.

바르트가 정통주의 쪽에서 보아서는 정통 신학을 왜곡한 점이 많으나, 전체적으로 보아서는 교회의 정통주의를 약화시키기보다는 강화시키는 면에, 그리고 기독교와 세상간의 틈(間隙)을 좁히기보다는 오히려 심화시키는 면으로 공헌하였다고도 말한다.[86]

독일 교회의 예배자들은 하나님의 말씀을 듣기를 원하지만 자유주의 신학 교육을 받은 목회자들은 할 말을 잃고 있었다. 스위스의 자펜빌 산골 마을에서 목회를 시작한 바르트 역시 예외가 아니었다. 바르트는 자기 나름의 신학적인 사색으로 이를 극복하고 『로마서 주석』을 써냄으로 말미암아 자신도 설교할 수 있었을 뿐 아니라 할 말을 잃은 많은 목회자들이 설교할 수 있는 용기를 얻게 했다고 한다. 다시 말하면, 바르트의 신정통주의 신학이 자유주의로 말미암아 침체에 빠진 독일 교회에서는 그런 대로 긍정적인 유익을 주었다고 하는

---

86) Heinz Zahrnt, *Die Sache mit Gott*, R. Piper & Co. Verlag München, 1967, 151.

말이다. 바르트는 1919년에 출판한 『로마서 주석』을 증보하여 1922년에 재판으로 내놓았다.

일본 교회는 선교 초기부터 자유주의 신학 사상을 가진 선교사들의 영향 하에 있었으므로 독일 교회와 비슷한 상황에 있었다. 그러므로 바르트의 인기는 대단하고 그의 영향력은 지대하였다. "바르트는 30년이란 오랜 세월 동안 마치 일본 신학계의 교황으로 군림하다시피 하였다. 미국에서는 바르트를 20세기의 뛰어난 신학자 가운데 한 사람으로 알고 있으나 일본에서는 유일한 신학자로 알고 있다"라고 할 정도였다.[87]

그러므로 일본과 미국에서 신학을 공부한 한국의 대다수의 신학자들은 바르트와 신정통주의 신학을 접하면서 그 영향을 받아 새 신학을 받아들였다. 감리교의 정경옥은 1930년대 초반에 「신앙세계」 등 잡지를 통하여 바르트의 사상과 디벨리우스와 불트만의 양식 비판 연구를 소개하였으며,[88] 일본 청산학원 시대에 바르트와 브루너, 니버, 틸리히 또는 불트만의 신학을 알게 된 김재준은 신학의 자유를 추구한다면서 신정

---

87) Harvie M. Conn, 앞의 논문, 143.
88) 참고: 유동식, 『한국신학의 광맥: 한국신학사상사 서설』, (서울: 전망사, 1986); 송길섭, 『한국신학사상사』, (서울: 대한기독교출판사, 1987), 319-349; 김영한, "개혁신학과 한국신학", 『개혁신학 한국교회 한국신학』, 도서출판 대학촌, 1991, 81쪽 이하.

통주의 신학을 소개하고 자유주의 신학에 문호를 개방하였다.[89]

신정통주의 신학은 자유주의 신학이 만연한 독일과 일본에서는 신학이 정통주의 쪽으로 향하도록 동기를 부여하는 역할을 했으나 구자유주의 신학이 거의 소개되지 않았던 한국에서는 오히려 자유주의 신학에 문호를 개방하고 자유주의 신학의 방향으로 지향하게 하는 신학이 되었다. 이와 같이 자유주의 신학에 문호를 개방하고 그 방향으로 선회하는 신정통주의 신학을 일찍부터 비판하고 그런 운동을 차단하려고 한 신학자가 바로 박형룡과 박윤선이었다. 박윤선은 박형룡과 마찬가지로 바르트 신학과 변증법 신학 사상이 생성된 독일 교회와 신학의 역사적인 상황에 관하여는 언급하거나 관심을 보이지 않고 바르트의 신학 사상을 정통 신학의 체계에 비추어 단순하게 비판한다.

박형룡은 1928년부터「신학지남」에 변증신학 분야의 많은 논문을 발표하였으며, 이 논문들을 모아서 1935년에『신학난제선평』(神學難題選評)이란 제명의 책으로 출판하였다. 그는 이 책에서 자유주의 신학과 신정통주의 신학 즉, 슐라이어마허, 리츨, 바르트, 브룬너, 틸리히 등을 비판하고 있다. 박형룡

---

[89] 金在俊, '나에게 영향을 미친 신학자들과 그들의 책',「기독교사상」7월호, 1963, 23 이하.

은 모든 현대적인 신학 사조에 반대하고 새로운 신학에 대하여 가차 없이 비판함으로써 한국의 정통 신학을 보수하는 보루로서 역할을 하였으며, 한국의 개혁주의 신학도가 신학적 반성을 시작할 수 있는 바탕을 마련해 주었다.[90]

박윤선은 1937년 미국 유학에서 귀국하자 곧 신학지남에 바르트의 신학을 비판하는 두 편의 논문을 발표하여 박형룡을 지원하였다.[91] 그는 웨스트민스터신학교에서 공부하는 동안에 바르트를 비판할 수 있는 준비를 메이천에게서 배워 갖추었다. 메이천은 일찍이 독일에서 유학할 때 바르트에게 영향을 미친 헤르만의 강의를 듣고 한 때 갈등을 겪다가 실존주의 신학을 극복하고 정통 신학을 견지하였다. 박윤선은 메이천에게서 바르트를 비판하는 안목을 갖는 데 도움을 받았던 것이다. 그리고 박윤선이 두 번째로 웨스트민스터로 갔을 때는 반틸에게서 변증학을 배우면서 바르트를 더 깊이 연구하게 되었다. 바르트에 대한 그의 비판은 많은 부분을 반틸에게 의존했던 것으로 생각한다.

박윤선은 그의 신약 주석에서 반틸을 거의 언급하지 않고

---

90) 김양선, 『한국 기독교 해방 십년사』, 서울: 대한예수교장로회 종교교육부, 1956, 188쪽; 김영한, "한국 신학의 진단과 진로", 「改革思想」, (서울: 한국기독교사상연구소, 1989년 창간호), 106쪽.
91) 박윤선, "바르트의 성경관 비판", 「신학지남」, 1937, 7월; "바르트의 계시관 비판", 「신학지남」, 1937, 9월.

있으나 "일찍이 나는 그의 신학을 알게 되어 주께 감사한다
…… 나는 (지난 30년 동안) 성경의 주석을 쓰고 있는데, 이
작업에서 반틸 박사에게 빚진 것은 말로 표현할 수 없다."라
고 말하여 자신이 개혁주의적인 신학적 사색과 안목을 갖는
데 반틸에게서 크게 도움을 받았다고 말한다.[92]

그는 반틸에게서 "성경으로부터 도출된 진정한 기독교 철
학"을 배웠고, 그것이 "성경을 올바로 해석하는" 인식론적 출
발점이라고 확신하였다. 그리고 박윤선이 늘 사용하는 '계시
의존 사색'과 '타율주의'란 말도 반틸의 기독교 유신론적 인
식론을 자기 나름대로 표현한 것이었으며, 그것은 또한 "반틸
의 주요 원천"이었던 바빙크로 거슬러 올라간다.[93]

박윤선이 해방 이후 38선을 넘어 올 때 바빙크의 『교리학』
과 흐레다너스의 『요한계시록 주석』과 함께 바르트의 『로마
서 주석』을 소중하게 지니고 온 것은 바르트 신학을 비판하고
평가하는 것이 정통신학자에게는 아주 중요한 과제임을 인식
했기 때문이며, 박윤선이 주경신학자로서 로마서를 주석하자
면 변증법 신학, 즉 신정통주의 신학이란 새 신학의 장을 연
바르트의 주석에 대하여, 그리고 그의 신학 사상에 대하여 언
급하거나 비판하지 않을 수 없기 때문이었다.

---

92) 장해경, 같은 논문, 321.
93) 같은 곳.

박윤선은 1954년에 출판된 그의 『로마서 주석』 1장에서 13장까지의 <평주>에서 칼 바르트의 신학 사상을 비판하고 있다. 그 첫 <평주>에서 바르트의 사상은 그의 로마서 주석에 아주 잘 드러나고 있다고 말한다. 즉, "그의 로마서 주석은 가장 굵은 선(線)으로 나타나 있으며 그의 사상이 아주 날카롭게 나타나 있어서 그 정체를 보여 주고 있으므로 그의 로마서 주석을 읽는 것이 그의 사상을 파악하기 위한 첩경이다."라고 한다.94)

박윤선은 자신의 로마서 주석 각 장의 <평주>에서 많은 지면을 할애하여 바르트의 로마서 주석과 그의 신학에 대하여 비판하고 있다. 바르트의 주석과 신학에서 박윤선에게 가장 걸림돌이 되는 것은 변증법적인 사색과 '원역사'(Urgeschichte)의 개념이었다.

박윤선은 바르트가 그의 로마서 주석에서 각 절의 말씀을 긍정에서 부정으로 오가는 키에르케고르식 변증법적 방법으로 해석하는 점을 강하게 비판한다. 그리고 역사에 대한 이해에서 "바르트가 소위 원역사만을 실제 그것"으로 봄으로써 바울 자신이 사도로 부르심을 받은 일에 대한 언급을 위시하여 여러 사건과 사실들에 대한 말씀의 역사적 사실의 중요성

---

94) 박윤선, 『성경 주석 로마서』, 48이하.

을 무시한다고 비판한다.

박윤선은 바르트가 언급하는 '원역사'를 '초절 역사'로 이해하면서 그 근거로 브루너의 '원역사'에 대한 설명을 인용한다.

> "원역사는 모든 역사의 배종(胚種)이니, 역사를 말하는 자는 다만 원역사의 시공적 표현(時空的 表現)을 말하는 것뿐이다. 괴테가 말한 바 원식물(原植物, Urpflanze)은 아직 시공 세계에 나타난 분류적 발달(分類的 發達)과 변천을 받아 본 적이 없는 순전한 이상적 식물(理想的 植物)을 말함과 같이, 원역사는 모든 역사의 원본 곧 이상적 역사이다. 그것의 시공적 표현 곧 감각 세계의 역사는, 벌써 변천된 혼합물임을 면치 못하는 것이다."(Brunner, *The Philosophy of Religion*, pp. 123-124).[95]

박윤선은 바르트의 계시관을 비판하는 글에서 원역사의 개념에 대하여 좀 더 알기 쉽게 설명한다.

> "칼 바르트는 세계를 양 세계로 구분하여 일은 원역사 세계 곧 초시간 세계라 하고 타 일은 역사 세계, 곧 시간 세계라고 한다. 저의 사상은 플라톤(Platon)의 이데아 사상에서 취해 온 듯하다. 저의 견해대로 말하자면, 이 양

---

95) 박윤선, 『로마서 주석』, 49.

세계는 서로 전적으로 다르다(totaliter alitar). 환언하면, 이 둘은 질적으로 서로 다르다. 따라서 시간 세계의 것은 무엇이든지 원역사 세계의 것을 이해할 수도 없고 후자의 교섭을 감당할 수도 없다. 좀 더 알기 쉬운 말로 설명하자면 원역사 세계는 하나님의 세계요, 역사 세계는 인간의 세계인 바 인간과 하나님은 서로 질적으로 다르다. 그 서로 질적으로 다른 이유는 하나님은 창조자이시고 인간은 피조물인 까닭이라 함이 바르트의 견해이다."

'원역사'의 개념은, 역사주의 신학자들이 말하는 역사의 개념을 인정하면서도 그 개념을 뛰어넘어 성경의 역사를 의미 있는 역사로 이해하고자 하는 데서 말하는 초월적인 역사 개념이다. 다시 말하면, 성경에 기록된 사건들 중에서 합리적으로 검증할 수 있는 사건만을 역사로 인정하고 초자연적인 사건의 역사성은 거부하는 역사주의자들의 논리를 한편으로는 인정하면서도 성경의 말씀이 진리임에는 변함이 없음을 주장하기 위하여 도입한 또 다른 역사의 개념이다.

바르트에게 영향을 미친 헤르만 및 하르낙과 동시대의 독일 신학자 마르틴 켈러는 역사를 사실로서의 역사(Historie)와 의미를 함축하는 역사(Geschichte)로 구분한다. 독일어 'Geschichte'는 영어의 'history'(역사)와 'story'(이야기)를 다 함축하는 말인데, 그런 구분을 의식하지 않고 사용하던 역사(Geschichte)를 사실적인 역사(historisch)인지 아니면 사실과는 상관없이 의미를 함축하는 역사(geschichtlich)인지를 구분한다는 것이다.

켈러는 역사비판학에 대응하여 역사의 개념을 두 개념으로 구별하여 소위 원시 기독교의 보고서 이면으로 역사적인(historische) 예수를 탐구함으로써 예수의 실제의 삶을 재생한다는 것은 실현될 수 없다고 단언하고, 복음서 이외에는 전혀 자료가 없는 데서 그런 시도를 한다면, 전통적인 교의를 또 다른 교의(Dogma)로 대치할 뿐이라고 한다. 그럼으로써 복음서의 역사(Geschichte)가 비록 '실역사적'(historisch)인 것이 아니라고 하더라도 우리가 신앙할 수 있는 역사로서 의미를 가진다는 뜻이다.

그러나 '역사'(Geschichte)를 두고 사람들이 여전히 그것이 '실제의 역사'인지 아니면 '의미로서의 역사'인지를 따지므로 바르트는 역사주의를 극복하기 위하여 역사주의적 비판이 미치지 못하는, 차원이 다른 세계에 속하는 역사 개념, 즉 '원역사'를 말하게 된 것이다. 따라서 바르트의 '원역사'는 그 자체가 변증법적 개념이며 그의 변증법적 사색의 교두보이다.

바르트가 역사주의를 극복하기 위하여 '원역사' 개념을 도입하여 변증법적으로 사색을 하다 보니 그에게는 실제 역사에서의 부정(否定)이 원역사에서는 긍정(肯定)이 되기도 하고, 실제 역사에서 긍정이 원역사에서는 부정이 되기도 한다. 그래서 성경이 말씀하는 사건에 대한 바르트의 기술에는 이러한 긍정과 부정이 끊임없이 교차되고 있다.

박윤선의 소천 후 제자들이 출판한 그의 『개혁주의 교리학』은 제2부 현대 신학 비판에서 바르트의 신학을 다룬다.96) 바르트의 생애를 위시하여 바르트 신학의 특징, 바르트와 키에르케고르, 신정통주의, 바르트의 성경관, 창조에 대한 바르트의 교리, 웨스트민스터 신앙고백서와 위기 신학을 논하고 끝으로 바르트 신학에 대한 평가를 간략하게 기술한다.

박윤선의 바르트 비판을 소개하는 이 글 서두에 독일 교회의 예배자들은 하나님의 말씀을 듣기를 원하지만 자유주의 신학 교육을 받음으로 말미암아 설교할 말을 잃은 목회자들에게 용기를 불어넣어 준 이가 바르트였다고 했는데, 과연 바르트의 신학이 설교자들로 하여금 하나님의 말씀을 확신을 가지고 풍성하게 전할 수 있게 해 준 것인지 그래서 유익을 준 것인지를 묻는다면, 그렇다고 긍정적으로만 대답할 수 없을 것이다.

성경 말씀을 시종일관 변증법적인 사색으로 해석하는 신학으로는 말씀을 전하면서 바울 사도가 말한 것처럼 성령의 나

---

96) 박윤선, 『개혁주의 교리학』, (서울: 영음사 2003), 543-578.

타나심과 능력을 충분히 경험할 수 없을 것이기 때문이다.[97]
독일과 유럽 교회들의 침체 현상을 보면, 물론 그런 현상을 초래한 요인이 한두 가지가 아니겠지만, 신학이 언제나 그 요인의 큰 몫을 차지하는 것이므로, 바르트의 말씀 신학이 독일 교회의 상황에서 긍정적인 효과를 발휘한 것 같으나 결국은 그 한계가 드러나게 된 것이다. 바르트의 변증법적인 사색 역시 중세의 스콜라 신학처럼 기독교 진리를 철저하게 사람이 이성적으로 이해할 수 있도록 설명하려는 신학이라는 점에서 그런 신학에서는 성령께서 일하실 장(場)은 그 만큼 제한되고 축소된다. 박윤선은 설교에 관한 칼빈의 견해를 논하면서 칼빈과 바르트의 차이점을 지적하며 이와 비슷한 견해를 말한다.

> "바르트는 하나님의 계시 그대로를 인간이 파악할 수 없으므로 그것을 어떤 차례로 조직할 수는 없다고 본다. 그러므로 성경이 진리에 대하여 가지는 모든 분별의 고정성(固定性)을 바르트는 반대한다. 그는 시편 121편을 가지고 설교하면서 '자연계가 하나님의 영광을 드러낸다.'는 의미의 성구에 대하여 다음과 같은 설명을 하였다.
> '이스라엘 사람들(성경 기자들)은 자연에 대한 시를 쓸

---

[97] 「고린도전서」 2:1-5 참조.

때에 그들 스스로의 상상을 많이 사용하였다.'고 하며, 성경에 기록된 말씀의 마디마디가 고정성 있게 그대로 하나님의 말씀인 사실을 부인한다.

그러므로 이런 신학 사상을 가진 설교자는 진리의 정착성이 없다고 생각하는 만큼 청중의 심령을 쪼개어 사로잡을 거룩한 도구를 가지지 못한 것이다. 이런 설교자의 말은 어떤 철학이나 혹은 고급 사색을 하는 것 같은 모양을 나타낼 뿐이고 사람을 낚는 어부는 못된다. 칼 바르트의 신학 사상을 가지고 참된 부흥사는 되지 못할 것이다.

과거의 위대한 신앙가와 부흥사들은 모두 칼 바르트식 신자가 아니었다. 그들은 종래의 정통주의의 신학 사상을 가졌던 것이다. 그들은 성경의 문자적 영감 교리를 그대로 믿었던 것이 분명하다……"[98]

계시 의존 사색과 일반 은총

박윤선은 계시 의존 사색이란 말을 자주 사용하였다. 그 말은 그의 변증학의 핵심적인 개념이며 그에게서 배운 이들의 말에 따르면 가장 인상 깊은 말로 남아있다고 한다. 박윤선은 하나님이 오직 계시 의존 사색에 의해서만 사람들에게 알려

---

98) 박윤선, 『개혁주의 교리학』, 564.

지신다고 하며, 계시 의존 사색은 다른 것이 아니고 곧 성경적 사색이라고 한다. 박윤선은 자신이 변증학을 반틸에게서 배웠으며 많은 영향을 받았다고 말한다.

> "그의(반틸의) 신학은 능력이 있고 살아 있는 신학이다. 그는 이것을 나에게 나누어 주었다. 나는 그의 신학을 알게 되어 주께 감사한다. 그의 형이상학과 변증학은 나에게 진정한 기독교 유신론이 무엇인지를 알려 주었다."99)

박윤선보다 훨씬 후에 반틸에게서 변증학을 전공한 정승원 교수는 박윤선의 '계시 의존 사색'은 아마도 반틸이 자주 사용하는 '하나님을 따라서 하나님의 사고를 사색하는 것' (Thinking God's thoughts after Him)이라는 표현을 번역하여 작성한 용어일 것이라고 한다. 그러면서 자연 계시와 일반 은총에 대한 두 사람의 이해에는 다소 차이가 있다고 한다.100)

정승원 교수에 따르면, 박윤선은 계시 의존 사색이 곧 성경을 따르는 사색임을 강조하는 나머지 성경의 계시를 지나치게 좁은 의미로 해석하는 결과에 이른다. 그는 성경이 곧 특

---

99) 서영일, 앞의 책, 169.
100) 정승원, "박윤선 박사의 변증학 고찰", 「신학정론」 22권 2호, 2004, 342.

별 계시이므로 성경을 통하여 얻는 지식만이 참 지식이라고 하는데, 그것은 결과적으로 일반 계시의 의미를 다소 평가절하를 하는 것이 되며, 따라서 일반 은총을 좁은 의미로 이해한다는 것이다.

> "사람이 막연한 철학적 사색에 의하여 만물의 근원에 대한 어떤 신념을 가진다 할지라도 그것은 언제나 진리가 아니다. 다만 만물이 하나님의 말씀으로 말미암아 창조되었다는 창세기의 말씀이 참된 것인데 그것은 믿는 자들만이 받게 된다."[101]

신학에서는 계시를 자연 계시 또는 일반 계시와 특별 계시로 구분하는데, '일반 계시'는 '특별 계시'와 대칭으로 사용하는 말로서 그 의미를 따라 '자연 계시'라고도 한다. 자연 계시란 하나님께서 당신께서 지으신 만물에 자연의 질서를 따라 당신의 신성을 나타내 보이시는 것을 일컫는 말이고, 특별 계시는 자연의 질서를 초월하는 특별한 방법으로, 즉 말씀이나 기적 혹은 초자연적인 현상을 통하여 당신의 뜻을 알리시는 것을 의미한다.

---

101) 박윤선, 『성경 주석: 히브리서, 공동서신』, 143; 인용, 정승원, "박윤선 박사의 변증학 고찰", 350.

계시는 박윤선이 말하듯이 기독교 이외의 세계에도 있는 개념이다.102) 신이 자연 세계에 초자연적으로 개입하여 그 뜻을 보여 주는 것이라는 뜻에서 하는 말이다. 이방 종교에서는 신이 직접 계시한다는 뜻에서의 계시 개념은 있어도 자연 계시 또는 일반 계시의 개념은 없다. 직접적인 계시라는 것도 단편적인 것일 뿐 하나님의 창조와 섭리와 다스리심과 구원과 구원 역사를 보여 주시는 성경을 통한 계시와는 차원이 다르다.

자연, 즉 하나님께서 지으신 만물은 하나님을 계시하며 그분의 영광을 찬양하고 있으나 죄로 마음이 어두워진 인간은 이러한 일반 계시, 즉 자연 계시를 계시로 인식하지 못한다.

사람이 자연 계시를 계시로 인식하지 못한다는 말은 자연 계시를 통하여 창조주이시요, 동시에 구원하시는 이이신 하나님의 지식에 이르지 못한다는 말이지 하나님께서 우주와 만물에 나타내 보이시는 법과 질서도 깨닫지 못한다거나 사람이 우주를 관찰하고 자기를 성찰하는 데서 얻는 어떠한 지식조차도 참 지식일 수는 없다는 말은 아니다. 사람이 성경 밖에서 얻는 법과 질서나 과학적인 원리 혹은 윤리와 도덕에 대한 지식은 하나님께서 우리에게 주신 지성과 감성 혹은 양심

---

102) 박윤선, 『개혁주의 교리학』, 19.

을 통하여 얻는 것이므로 성경을 통하여 얻는 지식과 대치(對峙)되는 것이 아니다. 사람은 성경의 지식을 통하여 일반 지식의 진위를 가리고 그 목적과 의미를 발견하며, 또한 일반 지식을 통하여 자신이 성경의 진리를 옳게 인식했는지를 점검할 수 있다. 그리고 의미 부여를 받은 일반지식으로 인하여 진리에 대한 지식이 더 풍성하게 된다.

특별 계시를 통하여 인생의 목적이 하나님을 영화롭게 하고 그를 즐거워하는 것임을 알게 된 하나님의 백성은 자연을 통하여 당신의 신성을 나타내시는 하나님을 알고 자연 만물과 함께 영광과 찬송과 감사를 돌리게 마련이다.

반틸은 자연 계시가 사람이 인식하든 않든 늘 있는 것이라고 하면서 「로마서」 1:18-23의 전반부의 말씀을 따라 사람에게는 하나님을 아는 지식이 있음을 강조하는 데 반하여, 박윤선은 후반부의 말씀을 따라 자연 계시는 있으나 사람이 그것을 인식하지 못하면 결국 모르는 것이나 다를 바 없다고 생각한다.

반틸은 사람들 안에 하나님을 아는 지식이 있으므로 하나님과 우리 인간의 연속성이 있다는 것이며 신자가 불신자에게 신앙을 전하는 소통을 가능케 한다는 것이다. 반면에 박윤선은 사람이 하나님을 알되 죄로 말미암아 그 마음이 어두워졌으므로 마침내 하나님의 영광을 썩어질 사람과 금수와 버러지 형상의 우상으로 바꾸었다고 하는 결과적인 말씀에 역점을 두어 믿지 않는 사람들에게는 하나님을 아는 지식이 없다고 말한다.

반틸은 서양의 인식론적인 전통에 사는 이답게 사람들이 가진 하나님에 대한 지식을 하나님을 믿는 신앙에 이르는 소통의 전제로 생각하는 데 반하여, 박윤선은 사람들이 죄로 말미암아 마음이 어두워져 하나님을 부인하는 데 이르는 실제적인 결과를 인식하며 신앙에 이르는 소통은 오직 성령의 역사로만 가능하다고 이해한다.

> "인간은 죄로 인하여 어두워졌으므로 제 힘으로는 하나님을 알 수 없다. 하나님께서 성령으로 말미암아 직접 알게 해 주셔야 된다. 죄로 인해 어두워진 인간에게 자연계시로 소리쳐 하나님의 영광을 선포해 주건만(시 19:1-7; 롬 1:19), 그들은 이것을 의식하지도 못할뿐더러 도리어 만물들의 증거를 밟아 누른다."[103]

루터와 칼빈은 원죄로 말미암아 우리의 이성뿐 아니라 의지가 너무나 뒤틀렸으므로 하나님의 은혜가 없이는 특별 계시에 대하여 믿음으로 응답할 수도 없으며 자연에 나타내 보

---

103) 박윤선, 『변증학』, 9; 인용, 정승원, 같은 글 362.

이시는 신성도 볼 수 없다고 믿는다.

박윤선은, 정승원이 지적하는 바와 같이, 반틸보다는 계시의 범위를 좁혀 이해한다. 박윤선은 성경의 모든 말씀들이 다 초자연주의에 속하는 것이라고 말함으로써 도덕과 윤리에 대한 가르침도 성경의 가르침과 일반 종교의 가르침이 차이가 있다고 강조한다. 그러다 보면, 예를 들어 유교의 효에 대한 가르침이 성경의 가르침보다 떨어진다고 하게 마련이다. 그러면 일반 은총을 만인을 위한 것으로 인정치 않고 소홀히 다루게 된다는 것이다.

하나님께서 피조물에게 베푸시는 복이 곧 은총이다. 이 은총은 인간과 모든 생물에게 미치는 것이며, 선인과 악인의 구별이 없이 모든 인간이 받아 누리는 것이라는 뜻에서 일반 은총 또는 자연 은총이라고 한다. 즉, 우리의 생명과 생활을 위해 필요한 자연과 물질뿐 아니라 생활을 영위하기 위한 지혜와 지식, 윤리와 도덕, 이웃과 사회 등이 다 일반 은총이다.

계시의 경우와 마찬가지로 일반 은총 혹은 자연 은총을 은총으로 인식하는 것은 특별 은총을 통하여서 가능하다. 특별 은총은 죄를 범한 인간에게 긍휼과 자비를 베푸시고 구원을 주시는 은총, 즉 예수 그리스도를 믿는 자들에게 주시는 구원의 은총이다. 이 구원의 은총을 통하여 사람은 하나님을 창조주 하나님으로, 세상을 다스리시고 역사를 주관하시는 하나님으로 인식한다. 일반 은총은 우리가 그것을 인식하건 않건 간에 우리 모든 인간이 누리는 은총이다.

박윤선이 칼빈주의 신학을 따른다면서도 일반 은총을 좁은 의미로 이해하는 것은 그의 몸에 배어 있는 신령주의적인 세계관과 무관하지 않다. 그는 역시 한국 교회의 부흥주의적이며 신령주의적인 풍토에서 자랐으므로 그러한 영향의 그늘을 벗어나지 못한 것임을 알 수 있다. 박윤선이 일반 은총에 대하여 체계적으로 쓴 글은 없는 것으로 안다. 그의 『개혁주의 교리학』에서도 '일반 은총'에 대한 글이 없을 뿐 아니라 그런 주제로 쓴 글은 찾을 수가 없다. 그러나 그가 '일반 은총'에 관하여 전혀 얘기하지 않았거나 무관심한 것은 아니었다.

서영일은 박윤선의 주석 곳곳에서 이 세상에 대한 긍정을 찾아볼 수 있으나 대체로 비관적인 견해를 많이 표현하고 있다고 지적한다. 박윤선은 성경 본문 주석에서나 "칼빈주의", "칼빈주의 정치", "근본주의의 약점" 등등의 주제에 대한 논설에서는 이생에 대하여 긍정적으로 말하나 설교에서는 비관적인 견해를 말하는 경우가 더 많다.

예를 들면, 가나의 혼인 잔치에 대한 주석에서 예수는 비관주의자가 아니라고 하며, 『잠언』 주석에서는 잠언에 나타난 이생에서의 실제적인 삶을 살기 위한 지혜를 불교의 도피주의와 대조하여 설명한다. 자연이 하나님께서 지으신 피조물이므로 질서가 있고 의미가 있다고 하며, 기독신자는 자연과학을 무시하지 않아야 한다고 말한다. 성경이 단지 구원만을 가르치는 것이 아니고 이 세상의 각 영역에서 신자들이 어떻게 살아야 할 바를 가르치며, 칼빈주의자들은 천국에서만 하나님을 섬기는 것이 아니라 이 땅에서 모든 삶의 영역에서 하나님의 말씀을 지켜야 한다고 말한다. 개혁주의에 비하여 근본주의의 약점의 하나가 곧 일반 은총에 대한 몰이해라고 한다.104)

그러나 이러한 삶에 대한 긍정적인 이해는 간헐적으로 나타나는 데 비하여 비관적인 언급은 보다 자주 볼 수 있다. 박윤선은 "삭개오의 신앙"이란 설교에서 존 번연이 이 세상을 장차 망한다는 뜻에서 "장망성"(將亡城)이라 부르고 이 세상을 성도들이 빨리 떠나가야 할 "마취국"(麻醉國)이라고 부른 데 대하여 진심으로 동의한다. 이 세상을 묘사하면서 불교에서 나온 말이지만 일상용어가 된 "고해"(苦海)라는 표현을 자주 사용한다. 또한 이생에서의 삶은 난파선에 타고 있는 사람과 같아서 판자 하나에 의지하여 육지까지 도달하려고 애를 쓴다는 것이다. 이 세상은 물에 빠져들어 가는 배와 같아서 이 배에 페인트를 칠하는 것은 어리석은 일이

---

104) 서영일, 앞의 책, 360

며,105) 이 세상은 또한 폐광과 같아서 여기에 소망을 둘 수 없고 여기에서 어떻게든 빠져나가려고 애를 써야 한다고 말한다.106)

박윤선이 이 세상에 대하여 개혁주의에 근거하여 이론적으로는 사회와 문화에 기여하는 긍정적인 삶을 살아야 할 것을 가르치면서도 설교에서는 신령주의적이며 경건주의적인 세계관에서 이생의 부질없음을 말한다. 그것은, 위에서 고찰한 바와 같이, 성경 해석에서 이론적으로는 풍유적인 해석을 지양한다고 하면서도 설교에서는 풍유적인 해석을 마다하지 않은 것이나 비슷하다. 이를 다른 말로 표현하자면, 지성에 호소하는 강의에서는 이생의 삶에 대하여 긍정적인 자세로 임할 것을 가르치면서도, 마음에 호소하는 설교에서는 「전도서」의 전도자와 같이 세상의 무상함을 말함으로써 미래적인 것, 영원한 것을 갈구하도록 사람들의 종교심에 호소한 것이라고 이해할 수 있다.

일반 은총을 인정하고 거기에 관심을 기울이며 하나님의 주권을 강조하는 것이 개혁주의의 특징이라고 할 수 있는데, 박윤선이 이론적으로는 개혁주의 세계관에 충실하려고 했으나 실제로는 보다 신령주의적이며 경건주의

---

105) 서영일, 같은 책, 361
106) 박윤선, 『성경 주석 고린도전후서』, (서울, 영음사, 1984), 102.

적인 이해에 더 기울어진 것은 그것이 자기 자신을 포함하여 한국 교회의 신자들의 신앙적인 정서이기 때문이라고 이해할 수 있다. 이민족의 압제를 견디어야 했으며 수없이 많은 사람들이 공산정권에 쫓겨 피난하거나 혹은 6·25 동란으로 졸지에 가족과 재산을 잃었거나 불안한 정국에 가난과 고난 가운데 사는 백성들에게 호소력 있는 메시지는 먼저 자신들의 비참한 상태를 직시하고 구원의 복음을 찾고 받아들이게 하는 것이었다.

일반 은총에 대한 좁은 이해를 가진다면 사회 참여나 정치 참여 문제를 두고는 소극적일 수밖에 없다. 박윤선이 화란의 여러 신학자들을 인용했으며, 그의 『개혁주의 교리학』에 특히 바빙크를 즐겨 인용했으나 그에 비하여 일반 은총을 강조하여 하나님의 영역 주권을 말하고 정치에 적극적으로 참여한 아브라함 카이퍼는 별로 인용하지 않은 것도 카이퍼의 그러한 신학에 별로 관심이 없었기 때문이었던 것이라고 이해할 수 있다.[107]

군부 독재 하에서 진보적인 신학자들이나 교회 지도자들이 적극적인 사회 참여 및 정치 참여를 외치며 실천에 옮겼을 무렵, 박윤선은 대다수의 보수적인 복음주의 지도자들

---

107) 장해경, 앞의 논문, 329 참조.

과 마찬가지로 침묵과 불간섭의 원칙으로 극히 소극적으로 대응하였다.

1986년에 정치 참여 혹은 사회 참여에 상당한 관심을 가졌던 간하배 선교사가 한국의 정치 사회 문제에 자신의 의견을 밝혀 달라는 설문에 답하려는 것을 박윤선이 그러지 말도록 만류한 일이 있었다. 간하배가 왜 만류하는지 이유를 묻는 물음에 답하는 박윤선의 글 한 토막을 보면 그의 생각과 자세가 잘 드러나고 있다.

> "……나는 사회적인 문제와 정치적인 문제를 구분해야 한다고 믿습니다. 정치적인 문제를 논할 때는 개인은 「로마서」 13:1을 주의 깊게 기억해야 할 것입니다. 칼빈의 견해는 참고할 만한 가치가 있습니다.
>
> 기독교 공동체로서의 우리는 정부의 도덕적 위치가 어떠하든지 이 문제에 직접 개입할 수 없습니다. 한 가지 덧붙이자면, 개인 시민의 자격으로는 민주주의가 요구하는 바 정치 문제에 직접 개입할 수 있습니다. 교회가 취할 수 있는 최선의 입장은 기도와 복음 전파를 통하여 사람의 마음을 움직이도록 하는 것이지 반정부 운동에 직접 나가서 데모하는 것이 아닙니다 ……"[108]

---

108) 서영일, 앞의 책, 379.

이에 대하여 간하배는 칼빈주의 전통 속에서 살아온 미국 청교도의 후예답게 박윤선에게 답장을 보내면서 박윤선이 칼빈에 대한 좀 더 균형 잡힌 이해가 필요하다고 조심스럽게 말하였다. 간하배는 칼빈이 단지 기도만 하라고 하는 것이 아니라 정부의 후원자로서의 우리가 항거하기를 허락하고 있다고 본다는 것이었다.

오덕교 교수의 증언에 따르면, 1986년경에 박윤선은 합동신학교 경건회 설교에서 군사 독재에 대하여 신랄하게 비판하면서 기독신자들이 사회와 정치에 적극적으로 참여해야 한다고 말했다고 한다. 그렇다면 간하배와 서신 교환을 한 이후 자신의 종래에 견지해 왔던 그 견해나 자세를 반성해서 그랬던 것이라고 추정할 수 있다.

박윤선은 어느 다른 보수적인 신학자들보다는 개혁주의를 표방하고 좋아하였으며 개혁주의에 대한 많은 것을 가르쳤으나 실제에 있어서는, 즉 설교를 할 때든지 실제적인 사회적 혹은 정치적인 문제에 접하면 신령주의나 경건주의적 경향을 드러내 보인 것은 개혁주의가 발전해 온 나라들과 이를 받아들이는 선교지의 역사와 문화적 차이로 말미암아 야기된 것이라고 볼 수 있다. 다시 말하면 사상의 유입의 과정에서 역사와 문화의 차이 때문에 중요한 요소들이 여과되는 것을 관찰할 수 있는데, 개혁주의를 도입하려는 박윤선에게서도 그런 현상이 일어난 것임을 알 수 있다.

그러한 예는 박형룡에게서도 볼 수 있다. 이를테면, 성령론의 경우, 그는 초기 선교사들이 전수한 부흥주의적인 신앙을 가졌으나 그의 성령론은 카이퍼의 성령론을 따라 정리한 것이었다. 박형룡은 신학의 골격을, 자신이 밝히고 있는 대로, 벌코프(Louis Berkhof)의 조직신학에 의존하고 있어서 그런 것으로 이해할 수 있다. 그럼에도 불구하고 박형룡은 문화에 대한 개혁주의적 관심은 별로 나타내지 않고 있다. 그것은 한국 교회가 아직 기독교적 문화보다는 전도에 우선적으로 관심을 기울이는 선교 단계의 교회였기 때문이라고 보아야 한다. 박윤선도 그런 점에서 별로 다름이 없다.

그러한 현상은 그들의 종말론 신앙에서도 볼 수 있다. 개혁주의 교회의 전통은 루터교와 마찬가지로 역사적 전천년설보다는 무천년설을 따르고 있다. 박형룡은 벌코프의 조직신학에 의존했음에도 불구하고 무천년설을 말하는 벌코프와는 달리 전천년설을 지지한다. 박윤선이 웨스트민스터신학교에 수학할 당시 그의 주임 교수 메이천과 나중에 반틸을 위시한 대다수의 교수들이 무천년설을 지지하고 있었음에도 불구하고 그는 역사적 전천년설을 견지하였다.

박형룡과 박윤선 두 사람이 다 종말론에 대하여 자신들이 신학하기 이전에 이미 얻은 전천년 신앙에 충실하였던 것이다. 한국 교회는 선교 초기부터 무디의 세대주의적 전천년 신앙의 영향을 받았으며 부흥을 경험하고 경건주의 신앙의 영향을 받은 선교사들이 와서 전천년 신앙을 전해 주었을 뿐 아니라, 1920~30년대에 활동한 부흥사들, 특히 성결교회 부흥사들을 통하여 세대주의 색채가 농후한 전천년설을 믿게 되었다. 일제의 핍박과 고난을 겪으면서 세대주의적인 전천년설과 역사적 전천년설 신앙은 한국 교회에 깊이 뿌리를 내리게 된 지배적인 종말 신앙이다. 1970년대 초만 하더라도 무천년설은 보수적인 장로교에서 용납되지 않았다.

천년 왕국 종말 신앙은 초대교회의 대다수 교부들이 가졌던 신앙인데 5세기에 와서 무천년설을 말한 어거스틴의 영향으로 천년 왕국 신앙은 교회의 공적인 가르침으로 인정을 받지 못하고 민간 신앙으로 잠적했다가 종교개혁 시대의 재세례파들과 17세기 이후의 경건주의와 부흥 운동을 통하여 전수되어 온 것이다. 천년 왕국 신앙은 주로 고난과 핍박 가운데서 「요한계시록」 20:4-6의 말씀을 문자 그대로 믿고 그리스도의 왕적인 다스리심에 참여하기를 바라는 열정적인 신앙인들이 가지는 신앙이었다. 박윤선은 개혁주의 전통을 박형룡보다는 좀 더 폭 넓은 견지에서 소개하였으나 두 신학자가 다 같이 한국 교회에 이미 뿌리박힌 복음주의적인 신앙에 충격을 주는 그런 신학적인 견해는 말하지 않았으므로 한국 교회의 신앙을 이끌 수 있었던 것이다.

10. 교회 쇄신과 바른 신학 교육을 위한 마지막 헌신

박윤선은 1980년 9월에 17년간 교수하던 총신대학교를 떠나 새 신학교, 즉 합동신학교를 설립하였다. 1974년 11월에 총신 교수로서 은퇴한 이후에도 학교가 요청할 때마다 교수하는 한편 보직을 맡아 학교 행정을 돌보기도 하였다. 그는 1978년 박형룡 박사가 소천한 이후 이제 홀로 남은 지도적인 원로 신학자로서 보수적인 장로교계의 기대를 한 몸에 받고 있었다. 그러한 그가 새 신학교를 설립함으로써 마침내 합동 교단을 이탈한 일은 그에게 관심을 가진 많은 사람들에게 충격적인 일이었다. 그와 행동을 같이한 사람들은 그에게 동정과 긍정적인 지지를 보내지만, 그렇지 않은 많은 사람들은 그가 선택한 일로 인하여 그를 분리주의적인 성향을 가졌으며 또한 그런 역할을 한 것이라고 부정적으로 비판하는 게 사실이다.

교회의 지도적인 인물이라면 그 누구도 그러한 부정적인

비판을 받는 것을 달가워할 리가 없다. 한국 교회적인 상황에서는 새 신학교의 설립이 결국은 교단의 분립을 초래할 것이 명약관화함에도 불구하고 왜 박윤선이 굳이 그 길을 택했는지 살펴보기로 한다.

1960년대 중반 이후의 한국 교회

1959년 WCC 문제로 교회가 분열하게 된 것은 비단 장로교뿐이 아니었다. 감리교, 성결교, 침례교 등 다른 교파 교회들도 같은 문제를 두고 분열하였다. 1950년대 초반의 교회 분열 이후 있게 된 교단 교회들의 교세 확장 경쟁은 더 많은 교단으로 나뉘면서 더 치열해졌다. 이러한 교세 확장 경쟁은 교회성장주의 신학의 도입과 복음화 운동으로 말미암아 명분을 얻어 더 과열되었다. 빈번하게 개최된 대형 전도 집회는 대교회의 출현을 더욱 촉진했으며, 대교회들의 출현으로 말미암아 한국 교회에는 대교회주의와 개교회주의가 만연하게 되고 교권주의자들이 부상하게 되었다.

1965년 한국 교회는 신·구교가 다 함께 "삼천만을 그리스도에게!"라는 표어를 내걸고 공동으로 민족 복음화 운동을 추진하였다. 농촌 전도, 도시 전도, 학원 전도와 군 전도, 개인별 혹은 그룹별 전도 등 가능한 모든 방법을 동원하여 다방면으로 전도 활동을 교단별로 혹은 연합적으로 추진하였다. 복음화 위원회가 초청한 중국인 부흥사 조세광과 한경직을 위시한 400명의 설교자들이 전국 각 도시와 지방에서 부흥 집회를 인도하였다.

1970년대에는 초대형 집회들이 열렸다. 복음화 운동 추진 위원회는 다시금 대형 집회를 통한 전도 운동을 기획하였다. 1973년 5월에 빌리 그레이엄을 초청하여 전국의 주요 도시에서 전도 집회를 열었다. 지방 5개 도시에 참석한 연인원수가 120만, 여의도에 모인 51만을 시작으로 서울에 모인 연인원이 320만 명으로 총 440만 명에 달하였다. 연합성가대만도 연 4만여 명이 참가한데다 10만여 명의 결신자를 얻은 기록적인 대 집회였다.

1974년 8월 13일부터는 나흘간 여의도광장에서 '엑스플로 74'(Explo74)라는 이름으로 국제 대학생 선교회(Campus Crusade for Christ)의 후원 아래 한국 대학생 선교회의 주도로 대 전도 집회가 열렸다. "예수 혁명", "성령의 제3폭발"이라는 주제와 "민족의 가슴마다 그리스도를 심어 이 땅에 성령의 계절이 임하게 하자"라는 구호 아래 개최되었다. 국제대학생선교회 총재 빌 브라이트(Bill Bright)를 위시하여 한경직, 김준곤 등이 주 강사로 설교와 강연을 담당하였다. 5월 13일 첫 집회에 70만의 사람들이 모여들었다.

1977년에는 한국 부흥사협회 주최로 비슷한 대형 전도 집회가 열렸다. 첫날 집회에 모인 사람의 수가 80만이었다. 1980년에 다시금 위의 모든 종전의 기록을 대폭 갱신하는 대형 집회가 '80세계복음화대성회'라는 이름으로 열렸다. 5일간의 집회에 참석한 연인원이 무려 천칠백만이었다.

복음화 운동은 이러한 대규모 전도 대회를 통하여서 뿐만 아니라 교회와 직접 혹은 간접으로 관계를 가졌거나 아니면 아주 독립적인 여러 선교 단체들을 통하여 추진되었다. 대부분이 복음주의적인 신학적 배경을 가진 단체들로 개인 전도 혹은 그룹 성경 공부 등 부흥 집회와는 대조적인 전도 방법을 사용함으로써 지역교회의 성경 공부 형태에도 많은 영향을 미쳤다.

그뿐 아니라 1950년대 초반의 교회 분열 이후 교단의 교세 확장에 관심을 가져오던 교단들은 민족 복음화를 위한다는 명분으로 3,000교회, 5,000교회 또는 10,000교회 운동을 벌였다.

이러한 전도 운동과 대형 집회를 통하여 한국 교회는 1970년대부터 1980년대에 이르기까지 크게 성장하였다. 1970년에 13,007개의 교회와 3백 20만의 신자이던 것이 1980년에는 교회 수가 21,243개로, 교인 수는 7,180,627명으로 성장하였다. 즉, 10년 만에 교회 수는 8,200이 더 불어났으며, 교인 수는 230퍼센트 증가하였다.

교세 확장의 선두에 나선 교회는 '만 교회 운동'을 벌인 대한예수교장로회 합동 측 교회였다. 전도 운동이 진척됨에 따라 교세 확장에 대한 관심과 막강한 세력을 가진 교권주의자들이 등장하게 되었다. 교권주의자들은 교단의 교권을 장악하려는 열심에서 지연(地緣)에 호소하게 되었으며, 지연에의 호소는 세속의 정치 판도의 영향도 입어 마침내 지역주의에 빠져들게 되었다. 그리하여 합동 측 교단은 영남과 평안도 중심의 주류파와 호남과 황해도 중심의 비주류 파로 나뉘게 되었다.

1971년 총신대학교 이사회가 학교를 매각하고 지방으로 이전하려고 하자 대학생들을 중심으로 반대 운동이 일어났다. 그 와중에 교권을 장악하고 있던 호남과 황해도 인사들이 물러나고 영남과 평안도 출신 인사들이 교권을 장악하게 되었다. 이들의 세력을 규합한 인물이 교권주의자의 대명사로 불리는 이영수 목사였다.[109]

총신 사태와 박윤선

이영수 목사가 1975년 교권을 장악한 이후부터 영남과 평안도의 주류파와 호남과 황해도의 비주류파의 대결이 격화되

---

109) 오덕교, 『장로교회사』, (수원: 합동신학대학원출판부, 개정증보판, 2006), 372.

어 1979년 9월 총회에서 합동 측 교단은 마침내 두 교단으로 분열하게 되었다. 분열된 두 교단은 정통성의 명분 및 교세 확보와 확장을 위하여 신학생 모집을 두고 경쟁을 벌였다. 총신대학교 이사회 역시 비주류 측에 지지 않으려고 학생들의 입학 자격을 가리지 않고 모집하려고 함으로 말미암아 이사회와 이를 반대하는 교수들 간에 갈등이 야기되었다.

교단 지도자들과 이사회가 많은 신학생들을 환영하는 데에는 교세 확장 이외에도 그럴 만한 긍정적인 이유가 없는 것은 아니었다. 교수 수보다 훨씬 적은 수의 학생들을 앉혀 두고 썰렁하게 교육해야 하는, 이를테면, 일본 교회와 신학교들을 감안한다면, 신학을 하겠다는 젊은이들이 넘치는 한국 교회와 신학교의 현상은 참으로 즐겁고 감사한 일이 아닐 수 없다. 신학 지망생이 많은 것은 한국 교회와 세계 선교를 위하여 진정으로 복되고 희망찬 일이 아닌가.

그러나 신학생, 즉 설교자의 갑작스런 증가는 한편으로 국내 전도와 해외 선교를 위해 긍정적으로 기여한 면이 있으나 또 한편으로는 목회자 수급의 불균형, 설교자의 질적 저하 등 여러 부정적인 결과를 초래하였다. 교수들은 이를 내다보았으므로 이사회의 정책에 반대했을 뿐 아니라 당장 학교가 원칙 없는 공동체로 실추되어 가므로 이를 감내할 수 없었다.

교회와 복음을 위하여 많은 일꾼이 필요하다는 명분 때문이라고 하더라도 지나치면 안 된다. 신학생은 엄선해야 한다. 그것이 성경 말씀을 따르는 길이다. 교수들은 신학을 하려는 사람은 소정의 학력을 갖추어야 하고 소명감이 있어야 하며 신앙 인격과 지도자로서의 자질을 갖춘 사람이어야 옳게 교육을 받을 수 있고 앞으로 교회에도 유익한 일꾼이 될 수 있다는 생각에 변함이 없었다. 그래서 분별없이 신학 지망생을 받아들이는 데에 반대하였다. 그러나 이사회는 나름대로 교회 성장 정책을 따라 자격 여하를 불문하고 많은 학생을 받아들이려는 방침을 강행하였다. 이사회는 마침내 학교 운영뿐 아니라 학사의 업무까지 일일이 간섭하게 된 것이다.

학사 행정이 이사회의 전횡으로 법과 원칙을 따라 제대로 시행되지 않게 되자 교수들은 좌절하고 학생들은 분노하였다. 1979년 10월 말경부터 학생들은 학교 측에 대한 불만을 농성과 시위로 표출하였다. 학부 학생들의 시위에 신학대학원 학생들이 가담하였다. 그리하여 학교는 정상 수업을 진행할 수가 없게 되었다. 학생들의 시위는 겨울 방학에도 그치질 않았다. 1980년 2월 22일 졸업식이 진행되는 동안에도 학생들은 식장 밖에서 침묵시위를 벌였다. 졸업식이 끝나자 학생 대표들은 "양심 장례식"을 한다면서 관을 메고 시위를 하였다.

개학하자 이사회는 교수회와는 아무런 사전 협의도 없이 대학생 대표 5명과 신학대학원생 3명을 무기정학에 처하였다.

학생들은 등록을 거부함으로써 이에 맞섰다. 과격한 대학생들은 폭력에 호소하였다.

신학대학원 교수들은 이사들이 학사를 간섭하고 주장하는 상황에서는 학생들을 가르칠 수 없다고 하여 사표를 제출하였다. 이사회는 4월 11일 위원회의 결정을 받아들여 학장 사퇴안을 받아들이고 교수들의 사표는 반려하는 한편, 박윤선을 학장 서리로 임명하였다. 4월 18일 이사회가 다시 모여 오랜 격론 끝에 이사장과 부이사장을 제외하고 이영수를 포함한 56명의 이사 전원이 사퇴하기로 결의하였다.

박윤선이 학장 서리가 되자 먼저 기도회를 열고 학교의 과오를 인정하는 한편 학생들에게 회개를 촉구하였다. 학생들은 폭력을 동반한 과격한 행동을 한 것을 회개하였다. 마침내 학생들은 평정을 되찾았다. 수업은 정상적으로 진행되기 시작하였다. 그러나 학교의 행정 직원들은 박윤선에게 비협조적이었다. 대다수의 직원이 이영수 목사가 심어 둔 사람들이었다.

문제의 핵심을 간파한 박윤선은 수차례 이영수 목사를 만나 "한국 교회 전체를 위하여" 교회 정치로부터 물러나도록 호소하였다. 박윤선은 교회와 학교를 생각하는 순수한 동기에서 그런 권면을 했겠으나 교권주의자가 그런 권면을 받아들일 리가 없었다. 그러기를 바라는 것은 너무나 순진한 기대일 뿐이었다. 이영수 목사는 박윤선이 그런 제안을 할 때마다 위협하는 말로 대응했을 뿐 아니라 그를 행정에는 무능한 위인이라고 공개적으로 비난하였다. 박윤선은 얼마 후 자신이 학교 문제 해결에 아무런 역할을 할 수 없다는 판단에서 학장 서리직을 사임하였다.

1980년 5월 17일 전두환 장군의 사주로 최규하 대통령이 전국에 계엄령을 선포하였다. 박정희 사후 잠시 동안 움츠리고 있던 군부가 다시금 정권을 장악하였다. 대학들은 다시 휴교에 들어갔으며 총신도 역시 문을 닫았다. 사퇴하기로 되어 있는 이사들이 학생들이 캠퍼스에서 모임을 가질 수 없게 된 틈을 타 다시 모여 4월 18일에 결정한 회의 사항을 번복하였다. 군사 정권의 복귀는 힘으로 다스리려는 이사회에게 힘을 실어 준 셈이었다. 7월에는 실행이사회를 구성하고 총신 총학장을 임명하였으며, 9월 중순 이후에 열릴 총회 전까지 개학을 연기하기로 결정하였다.

1980년 제2학기가 시작되었다. 개강을 허용하는 포고령이 내려 비상계엄령으로 문을 닫았던 대학들이 9월 1일에 다시 문을 열었다. 그러나 총신대학은 여전히 문을 열지 않았다. 실행이사회는 9월 2일 교수회를 소집하였다. 이 회의에서 이영수 목사는 현재까지 일어난 모든 문제와 혼란의 책임을 교수와 학생들에게 돌리는 한편, 교수와 학생들이 이사회와 총회의 결의에 절대 순종할 것을 요구하였다. 그러기 이전에는 개학을 할 수 없다고 못 박았다.

1980년 65회 총회에서는 이영수 목사가 총회장으로 선출되었다. 총회는 특별위원회를 구성하여 총신 문제에 책임이 있는 학생 교수 이사들을 색출하여 이들을 징계하도록 하였다. 특별위원회는 교수와 학생들을 한 사람씩 심문하는 한편, 학교의 휴교를 임의로 결정하고 교수들과는 사전 협의 없이 개강 예배를 인도하였다. 교수회의 권리를 철저하게 유린한 것이다. 10월 7일에는 학교 밖으로 반출할 수 없는 졸업생과 재학생의 학적부를 신학대학원 원장이나 교무처장도 모르게 교무과 직원으로 하여금 시내로 이송하게 하였다. 10월 10일에서 20일까지 학교 문을 닫았으며, 10월 24일에는 다섯 명의 학생들을 제명하였다.

교수들은 이러한 상황에서는 도저히 학생들을 가르치고 지도할 수 없다는 판단에서 신복윤, 윤영탁, 김명혁, 박형용 네 교수는 10월 23일 사직서를 제출하였다. 그들은 "이미 고칠 수 없을 정도로 악화된 구조적인 악에 대한 실망"에서 사임을 결행한 것이다. 10월 27일 채플이 끝나고 학생들에게 이 사실을 알렸다. 많은 학생들은 모임을 갖고 네 교수와 행동을 같이하기로 하였다. 교권의 간섭을 받지 않고 자유롭게 말씀 중심으로 교육하고 배울 수 있는 학교를 세우기로 뜻을 모았다.

합동신학교 태동에 참여

교수들은 박윤선에게 학교를 세우는 일에 참여하여 선두에 서 줄 것을 간청하였다. 가까이에서 그를 아끼고 존경하는 또 다른 이들은 교회의 분열을 초래하게 될 새 학교 설립에 참여하지 않도록 만류하였다. 만류한 이들은 박윤선이 이미 은퇴한 몸이므로 분쟁의 소용돌이에서 거리를 두고 조용히 은거하면서 저술에 힘쓰는 것이 자신의 위상을 위해서도 좋을 것이라는 생각에서였다. 그러나 박윤선은 새로 학교를 시작하려는 교수들 및 학생들과 행동을 같이하기로 결단을 내렸다.

박윤선은 주변의 간청으로 마지못해 참여한 것이라고 말하는 이들도 있으나 그런 것 같지는 않다. 그는 스스로 결단하였으므로 교장직을 맡았으며 적극적으로 참여한 것이다. 총신학교 사태가 그 지경으로 발전된 것은 마음 아픈 일이었으나 이제 막다른 상황에 다다랐으므로 교권의 간섭에서 자유로운 신학교, 옳게 교육할 수 있는 신학교를 설립하여 올바른 신학 교육의 기초를 든든히 닦는 것이 자신에게 주어진 마지막 과업이라고 생각한 것이다.

박윤선은 봉천에서는 신사 참배 문제로 인하여 양심적으로 신학 교육을 할 수 없는 처지여서 스스로 물러났으며, 고려신학교에서도 예배당 쟁탈 문제와 주일 성수에 대한 양심적인 발언으로 인하여 이사회와의 마찰을 빚어 신학 교육의 꿈을 접어야 했다. 총신대학교에서도 역시 교단의 여러 가지 부조리한 구조와 교권으로 인하여 마음에 상처를 입고 신학교육을 옳게 할 수 없다는 좌절을 일찍부터 경험하였다.

그러므로 합동신학교의 설립은 박윤선에게 올바르게 신학교육을 시도할 수 있는 마지막 기회요, 희망이었다. 합동신학교가 앞으로 교회와 교단과의 관계에서 어떤 시련을 겪을지 혹은 학교 자체가 어떤 방향으로 발전하게 될지 알 수 없었으나 그는 후배 교수들과 뜻을 같이하기로 한 것이다.

박윤선의 꿈이 그가 살아 있는 동안에는 성취되고 있었다. 새로운 신학교를 시작하면서 많은 후원자들은 학교 이름을 '총회신학교'로 하는 것이 좋겠다고 했다. 교수들과 학생들은 학교 이름을 '개혁신학교'라고 하고 싶어 했다. 학생들이 처음 공고문에 사용한 이름 역시 '개혁신학교'였다. 그러나 박윤선은 다른 대안을 제시하였다. 현재 대한예수교장로회 총회가 사분오열되어 있지만, 언젠가는 '합동'해야 할 것이므로, 모든 교단들의 합동을 염원하는 학교가 되자는 뜻으로 '합동신학교'로 하자고 제안하였다. 또한 지금은 대한예수교장로회 '합동' 교단에 몸담고 있는 분들과 헤어지지만 언젠가 다시 합동하는 날이 오게 되기를 희망한다면, '합동신학교'라는 이름을 갖는 것이 좋겠다는 의견을 제시했다.

박윤선의 이러한 생각은 합동신학교로 인하여 있게 될 교단 형성이 '분립'임을 솔직히 인정하면서 그것이 잠정적이기를 바라는 가운데 교회의 연합을 지향하자는 뜻을 학교 이름에 담은 것이다.

그에 반하여 새로운 학교 설립의 명분을 위하여 교수들과 학우회는 '개혁'이 학교 설립의 동기이기도 할뿐더러 '분립'의 이미지도 희석될 수 있으므로 '개혁신학교'를 가장 적절한 이름으로 생각한 것이라고 이해한다. 교수들과 학우회는 못내 아쉬워하면서 그들의 주장을 포기하고 박윤선의 제안을 따르기로 하였다. 박윤선은 그만큼 그들로부터 존경을 받은 것이다. 그리고 학교의 이념을 개혁주의 신학과 사상을 구현하자는 뜻에서 '바른 신학', '바른 교회', '바른 생활'로 하였다.

교회 분열과 분립

예루살렘에서 출발한 교회는 하나였다. 그러나 교회 안에는 그리스도를 부인하거나 잘못 가르치는 자, 부도덕한 자, 교권을 추구하는 자 등이 파당을 짓는 일이 있어서 교회는 초기부터 분열의 위험을 안게 되었다. 그러므로 성경은 교회의 하나 됨을 강조하고 있으나(고전 1:10-17; 갈 1:6-10; 엡 2:11-22, 4:1-16), 초대 교회 때부터 교회의 분열이 있어 온 것이 사실이다. 분열의 역사를 대충 말하자면, 교회는 2세기 후반에 성령을 사칭한 몬타누스(Montanus)로 인한 분파가 있었고, 박해 시의 배교자를 관용하기를 거부한 노바티안(Novatian)으로 인한 분파가 있었다. 4세기에 그리스도는 사람이신데 하나님께서 그를 양자로 삼으신 것이라고 주장한 아리우스파와 교회의 성결을 주창하며 일어난 북아프리카의 도나투스파 등의 분파가 있었다. 그러나 교회는 가톨릭(범세계적인) 교회로 하나를 유지하였다.

그러다가 1054년 교회는 동방의 정교회(Orthodox)와 서방의 가톨릭교회로 분립하게 되었다. 양 교회의 교리적인 차이는 미미했지만, 헬레니즘 문화권의 동방과 라틴 문화권의 서방이 언어, 문화, 정치, 사회적인 배경의 차이 등으로 인하여 6, 7세기경부터 동, 서 교회 간에 이미 균열이 있었으나 오랫동안 용케 서로 관용하다가 마침내 분열하게 된 것이다.

서방의 가톨릭교회는 16세기에 루터교회, 개혁교회, 앵글리칸 교회 등 종교개혁의 교회들과 중세의 전통을 고수하는 로마 가톨릭교회로, 그리고 제삼의 종교개혁파라고 불리는 재세례파 교회들로 분열되었다.

종교개혁의 교회는 성경을 번역하는 한편 모국어로 예배하는 국가 단위의 여러 국민 교회로 발전하게 되었다. 17세기부터 유럽의 이민들이 세운 미국에는 여러 언어와 민족들로 구성된 교파 교회들이 서면서 더 많은 교파들이 생성되었다. 미국의 선교사들로 인하여 이식된 한국의 교파 교회들은 분열의 요인들이 불가피한 것이 아님에도 불구하고 수많은 교단들로 분열되고 있는 것은 실로 유감스럽고 불행한 일이다. 우리 한국인들의 기질이나 역사와 정치 및 사회적 배경 때문에도 그렇겠지만, 미국 선교사들이 이식한 교파 교회의 현상에 익숙해서도 그러하고 '보이지 않는 교회'를 추구하는 교회관 때문에도 그런 것으로 이해한다.

사람들은 성경과 역사, 특히 종교개혁의 역사에 비추어 교회가 부패할 때 개혁을 외치다가 분립하는 경우는 분립의 명분을 인정한다. 여기서 교회의 부패란 교리적이며 신학적인 오류와 그것으로 인한 부패를 말한다. 그러나 도덕적인 부패의 경우는 대다수의 사람들이 분립의 명분을 인정하려고 하지 않는다. 교리적으로 잘못을 범하는 교회, 즉 잘못된 신앙고백을 하는 교회는 정죄의 대상이지만, 교권을 가진 자들의 도덕적인 부패는 정화의 대상이지 그 일로 인하여 교회 전체를 정죄해야 하는 잘못은 아니기 때문이다.

합신 교수들도 이를 모르는 바가 아니었고 처음부터 교회 분립을 도모할 의도가 없었으나 교회를 쇄신하고 교권의 지배를 받지 않는 바람직한 교육을 시행하기를 원했던 것이 일이 진행되면서 분립의 결과에 이른 것이다. 한국 장로교회가 교인수가 이제 수백만에 이르렀음에도 불구하고 신학교는 하나만 있어야 한다는 고정관념에서 벗어나지 못하고 있는 것이 현실인데, 이런 고정관념을 깨트리려고 감히 시도한 것이 분립의 불씨가 되었던 것이다.

합신 사람들은 합동신학교와 학교로 인하여 있게 된 합신 교단의 출범을 두고 그것이 교회 분열로 인한 '분립'이라는 사실을 인정하기를 꺼려한다. 아마도 '분립'이란 부정적인 함축성 때문일 것이다. 그것은 한국 장로교 역사에서 1952년과 1953년에 분립한 고려파와 기장파의 경우도 마찬가지이고, 1959년에 나누어진 합동 측과 통합 측 교단들 역시 그러하다.

장로교 노회 또는 총회의 모든 사항은 다수결에 의하여 결정되므로 교회가 분열할 경우 다수로 형성된 그룹이 신앙이나 신학의 정통성과는 상관없이 스스로 법적인 정통성을 인정하며 인정받는다. 따라서 교회의 분열이 있을 경우 통상적으로 소수의 그룹이 분열해 나간 것으로 보고 소수 그룹의 분열 행위를 '분립'이라고 칭한다. '분립'이라는 말 자체가 부정적인 의미를 함축하므로 분열한 소수의 그룹은 분립의 명분을 말하거나 분열의 정당성을 변증하면서 '분립'이란 말 자체를 기피하려고 한다. 그러나 법적인 정통성을 유지하는 큰 그룹의 경우 자신들의 교회를 두고 분립 또는 분열의 정당성이나 명분을 논하는 경우는 거의 없다.

그러나 1959년 총회파가 승동 측과 연동 측으로 분열했을 때 양측의 교세가 백중지세인데다 총회의 결의에 의하여 분열되거나 또는 분립하게 된 것이 아니므로 서로가 자기 그룹의 합법성과 정통성을 주장한다. 그러고 보면 한국 교회에서 분열을 통한 분립을 경험하지 않은 교회가 없고 '분립'이란 이름에서 자유로운 교단은 없다.

교회 분열로 인하여 분립하게 된 소수의 그룹은 어떤 이유에서 어떤 경로로 분립하게 되었든지 간에 자신들이 겪은 분열을 통상적인 의미의 '분립'임을 인정해야 한다. 그리고 '분립'이 부정적인 의미를 함의하고 있음도 감내해야 한다. 한국 장로교의 많은 교단들이 스스로 대한예수교장로회라고 칭하는 것은 '분립'의 역사적인 사실을 이미 시인하는 것임을 인식해야 한다.

'분립'을 인정하는 것은 자체 그룹의 교회 또는 교단이 사이비 교회나 교단처럼 자생한 것이 아니고 분열한 다른 그룹과 교회의 역사를 같이하고 있음을 표명함과 동시에 나름대로 분립의 충분한 이유가 있음을 고백하는 것이고 또한 분열한 그룹과 연합을 지향하는 교회임을 시인하는 것이다.

박윤선이 훌륭한 명분을 함축하는 '개혁신학교'라는 이름을 마다하고 '합동신학교'라고 하기를 원한 것은 합동 교단에 대한 미련이나 새 신학교의 진로에 대한 불안 때문이 아니고 자신이 설명한 바와 같이 분립을 솔직히 시인하고 연합을 지향해야 한다는 그의 교회관 때문이었다.

합동신학교의 출범

합동신학교는 남서울교회가 교회 지하실을 강의실로 사용할 수 있도록 호의를 베풀어 출범하게 되었다. 1980년 11월 11일(화) 오후 2시, 남서울교회 예배당에서 학생, 교수, 목회자들과 성도들 약 500여명이 참석하여 합동신학교라는 이름으로 개교 예배를 드렸다. 이 날 내외에 천명한 "설립 취지"는 다음과 같다.[110]

1. 교권의 횡포로 말미암아 누적되어 온 부조리와 부패 때문에 사분오열된 교단의 정화 및 합동의 계기가 되기를 염원하면서 본교를 설립한다.
2. 우리 교수 일동은 새로운 교단 형성을 결코 원하지 않는다. 그러므로 우리는 대한예수교장로회 총회 안에 그대로 머물기를 원한다.
3. 한국 장로교회의 신학적 전통인 개혁주의를 재확인하여 성경의 권위와 하나님의 주권 사상을 최전선에 내

---

110) 『합동신학대학원 20년사』, 합동신학대학원출판부, 2000, 167.

세우며 경건과 학문을 동시에 추구한다.

4. 성경 원리에 일치한 교회관을 확립, 로마 가톨릭 교권주의와 권위주의를 배격하여 그리스도만이 교회의 머리되시며 그리스도만이 대한예수교장로회 총회의 주인이시라는 것을 깨우치는 동시에 교회에 내재하고 있는 불완전성에 대한 계속적 개혁을 추진한다.

학교를 후원하고 운영하는 이사회의 조직도 갖추어 1980년 11월 12일 정상적으로 학기 강의를 시작하였으며, 11월 18일 박윤선은 초대 원장에 취임하였다. 학교 시설로는 교실 3개, 교수실을 겸한 사무실, 응접실, 도서관, 회의실을 겸한 작은 방 하나가 전부였다.

처음에 함께 참여했던 학생들 중에 중도에 휴학을 하거나 이탈하는 학생들이 생겨났다. 어떤 학생들은 담임목사의 반대로 당장 전도사로 봉사하는 교회를 떠나야 하는 어려움을 당하기도 하였으며, 어떤 이들은 총회에서 추천을 해 주지 않아 군종 장교로 가게 되어 있는 것을 포기해야 했다. 학생들의 진로에는 먹구름이 드리운 듯했다. 그럼에도 불구하고 남은 학생들이 3학년 50명, 2학년 69명, 1학년 62명이었다. 교수들과 학생들은 학교를 잘 해 나가자는 결의에 차 있었다.

원장에 취임한 박윤선은 합동신학원의 교육 이념을 요약하면서 무엇보다도 신앙 인격을 함양하는 교육을 강조하였다.

"이론보다 중요한 것은 신앙 인격입니다. 그래서 이론 교육을 시키되 경건 중심으로 교육을 펴나갈 것입니다. 이것은 나 개인의 주장이기보다 우리 학교 모든 교수님들이 가지신 생각을 대표한 것이라고 생각합니다."[111]

합동 측 교단이 소수의 정치적인 인사들에 의해서 좌우되는 것에 환멸을 느끼던 목회자들은 합동신학교의 탄생을 마음으로부터 열렬히 지지하고 성원했다. 그런가 하면 일부 인사들은 또 하나의 다른 교단이 탄생할 수 있다는 염려에서 마음으로는 지지하면서도 직접적으로 동참하지는 않는 이들도 있었다. 그러나 문제의식을 갖고 있는 많은 목회자들의 성원과 지원으로 학교를 중심하는 새로운 교단이 태동하게 되었다.

박윤선이나 교수들이 처음에는 교단에서 분립할 의도도 없었으며, 그런 일이 없기를 바랐으나 당장 졸업생들의 진로가 막히게 되었으므로 독립적인 노회, 즉 분립 노회를 조직하는 것은 어쩔 수 없는 급선무였다. 1970년 합동 측 교단이 제64회 총회에서 주류와 비주류로 분열할 때 중도적인 입장에 있던 이들이 제일 앞장서서 합동신학의 출발에 호응하였다.

1982년 11월 9일 학교는 수원시 원천동 산 42-3 번지 소재 학교 부지 22,713평을 매입하여 학교 교사를 건축할 계획을

---

111) 같은 책, 173.

세웠다. 많은 교회들과 명동 소재 건물 1동을 헌납한 최삼금 권사와 그 밖의 후원자들의 도움이 있어서 가능한 일이었다.

1985년 3월 5일 신복윤 박사가 제2대 교장으로 취임하고 박윤선은 명예교장에 추대된 얼마 후 4월 20일 본관 건물이 완공되어 학교는 수원으로 옮겨 왔다.

합동신학교를 선택함으로 말미암아 교회를 섬기던 자리도 잃고 군목으로 갈 수 있는 자격도 박탈당하는 등 온갖 어려움을 감수해야 했던 학생들은 개혁 의지로 깨어 있었다. 그들은 교수가 강의실에 들어오면 존경을 표하는 뜻에서 전원이 기립하여 맞이하였으며, 시험도 감독 없이 치르는 등 면학의 좋은 분위기를 조성하였다. 그리고 이런 것이 학교의 전통이 되었다.

박윤선의 고신과 총신 시절 때와 마찬가지로 합동신학교 교수들과 학생들은 경건과 학문을 강조하는 그의 진지한 자세와 간절한 기도 생활과 열정적인 강의와 교수회의 특별한 배려로 매주 금요일마다 채플에서 행하는 그의 설교를 통하여 평생 잊지 못하는 지대한 감동과 영향을 받았다. 그가 소천한 이후 동문회 주최로 해마다 개최하고 있는 정암 신학강좌가 그 사실을 대변한다.

박윤선이 새로 형성된 합신 교단에도 많은 영향을 미쳤음은 물론이다. 그는 1983년 『대한예수교장로회 헌법 주석』을 내놓음으로써 교회 조직과 직분 및 실천적인 여러 부분에서 잘못 이해되며 시행되고 있는 것을 개혁하려고 하였다. 그는 교회 개혁을 지향하여 형성되는 합신 교단에는 교권주의가 둥지를 틀고 자라는 일이 없도록 하자는 의도에서 교회 조직의 시안을 제안하였다. 그 중 하나가 당회장, 노회장, 총회장의 명칭을 당회의장, 노회의장, 총회의장으로 하자는 것이었다. 합신 노회와 총회는 이를 받아들여 실시하였다. 그만큼 그의 영향력은 컸었다.

그러나 박윤선의 사후 교권주의를 피하려다가 너무 지나쳐 회중교회의 제도와 비슷한 조직을 채택하게 되었다는 반성에서 다시 본래 장로교 식으로 당회장, 노회장, 총회장의 명칭으로 환원시켰다. 총회장은 본래 1년에 한번 총회가 열리는 회기 동안 회의를 진행하는 의장의 역할을 하는 것으로 그 직능을 다하는 것이지만, 노회는 의결 기관이면서 동시에 집행 기관이므로 노회의장이 아니라 노회장이 옳으며, 당회의 경우도 역시 그러하다는 생각을 하게 된 것이다.

박윤선은 지교회와 노회 그리고 총회의 권한이 동등함을 강조하였다. 그런 점에서 그의 장로교회 제도에 대한 이해는 회중교회 제도에 더 가까웠던 것으로 생각한다. 박윤선이 총회에 모인 목사들에게 그들이 총회를 성(聖)총회라고 불러 노회와 차별하는 것은 잘못이라고 충고한 일도 있었는데, 그것은 옳은 충고였다. 그는 그의 『헌법 주석』에서 총회의 정의를 말하면서 '최고회' 또는 '최고 치리회'라고 하는 것은 한국 장로교 헌법의 원본인 웨스트민스터 헌법에는 없는 표현이다. 거기에는 다만 전국 회(national assembly)라고 말할 뿐이라고 한다. 그리고 "총회의 권위는 수종적이고 최고가 아니며 조건적이고 의존적이며, 절대가 아니다"고 한 부티우스(G. Voetius)의 말을 인용한다.112)

박윤선과 화평교회

박윤선은 1979년 교단의 분립을 감수하면서 먼저 목회 현장에서 분열의 아픔을 겪어야 했다. 그가 1968년 상도동에서 개척하여 설립한 한성교회가 둘로 나누어지게 되었다. 1973년에 교회가 김진택 목사를 담임으로 선임한 이후 박윤선은 설교 목사가 되어 함께 교회를 섬겨 왔으나 담임목사가 교단 문제를 두고 달리 생각했으므로 서로 헤어질 수밖에 없었다. 박윤선은 새로 지은 예배당을 두고 나오는 것을 아쉬워하는 교우들을 달래어 조용히 나와 1981년 4월 5일 노량진에 있는 오창옥 장로 댁에서 41명의 교우들과 함께 예배를 드림으로

---

112) 박윤선, 『대한예수교장로회 헌법 주석』, 서울: 영음사, 1983, 150.

써 장안교회를 설립하였다. 1982년 4월부터는 김윤동 목사가 담임을 하게 되었으며, 1986년 3월에는 윤성한 목사가 그를 이어 담임목사가 되었다.

그간에 동신건설 회장 박승훈 장로가 역삼동에 있는 지하 1층을 포함한 4층 건물을 박윤선의 필생의 세 가지 사역, 즉 성경 주석과 신학 교육 및 목회 사역을 위하여 헌납하였다. 박승훈 장로는 이사장으로서 합동신학교 생활관 건립을 위하여서도 큰 몫을 다하였다. 1986년 8월 15일 장안교회는 역삼동으로 이사하였다. 그 이듬해 1987년 2월에 담임목사가 사임한 후 장안교회는 화평교회와 합병하였다. 1982년에 대치동에서 개척하여 목회하던 안만수 목사가 합동신학교의 스승인 박윤선을 자기 교회로 모시려고 한 것이 계기가 되어 두 교회는 합동을 추진하였다. 두 교회의 연합은 의외로 신속히 진행되어 1987년 4월 19일 연합 예배를 드렸다. 박윤선이 서거하기 한 해 전이었다.

두 교회가 하나가 됨으로 말미암아 박윤선으로서는 장안교회를 맡길 수 있는 좋은 후임자와 함께 많은 교인들을 얻은 셈이었다. 연합한 교회는 안만수 목사를 담임목사로 할 뿐 아니라, 교회 이름을 '화평교회'로 하기로 하는 한편, 교회 조직도 화평교회 중심으로 개편하기로 하였다. 말하자면, 화평교회가 장안교회 쪽으로 이동해 왔으나 장안교회가 화평교회에 흡수됨으로써 두 교회는 원만하게 연합을 성취할 수 있었으며 오늘에 이르기까지 성장하게 된 것이다. 양 측 모두의 성숙한 이해와 관용과 사랑이 없이는 이룰 수 없는 일이었다.

두 교회의 연합은 내내 분열의 아픔을 경험해 온 한국 교회에 신선함과 훈훈함을 선사하는 한 가닥의 밝은 역사이다. 평생을 신학 교육과 목회에 헌신한 박윤선에게 합동신학교가 그의 신학 교육의 결실이듯이 연합을 이룩한 화평교회는 그의 목회의 결실이요, 다행히도 세월이 갈수록 희미해져 가는 그의 목회의 흔적이다. 그러나 교회도 학교도 혼자 이룩할 수 있는 일이 아니므로 마음을 같이하여 함께 일하며 주님을 섬겨 온 모든 이들에게 하나님께서 자비와 은혜로 내리시는 축복의 열매이다.

신학교가 일터이고 저술 활동이 필생의 사업이었던 박윤선에게 자기가 목회하거나 설교할 수 있었던 교회, 말년에는 자기가 참여하여 주로 설교를 들으며 성도들과 함께 예배하며 기회가 주어지는 대로 성경 공부를 인도하며 사랑의 교제를 나눌 수 있었던 교회가, 누구에게나 그렇듯이, 언제나 그의 영혼의 안식처였다.

박윤선의 죽음

1988년 봄 학기 강의가 끝난 얼마 후 6월 12일에 박윤선은 복부에 심한 통증으로 영동 세브란스 병원에 입원하였다. 오랜 지병이 된 위궤양과 담석증이 악화되어 암으로 발전한 것이었다. 입원한 지 17일 되는 6월 29일 오후 5시부터 그는 가족들이 둘러서서 부르는 찬송, "내 주는 강한 성이요", "험한 시험 물속에서" 등 그가 평소에 좋아하는 찬송과 로마서 8장을 읽어 주는 말씀을 들으며 들릴 듯 말 듯 한 목소리로 계속 "아멘, 아멘"으로 응답하다가 밤 10시 5분에 숨을 거두었다.

장례식은 7월 2일 오전 9시 30분 학교 교정에서 1,200명의 사람들이 참석한 가운데 합동신학교장(葬)으로 치러졌다. 그의 시신은 기독교 공원묘지에 묻으려는 가족들의 의사와는 달리 학교 측의 소원을 따라 합동신학교 뒷산 본관이 바로 아래로 내려다보이는 둔덕에 안장되었다.

박윤선은 분명 합동신학교에만 속한 인물이 아니고 온 한국 교회와 신학계의 역사적인 인물이다. 그는 고신과 총신에서 한국 개혁주의 신학의 터전을 닦으며 신학 교육을 위하여 오랜 세월 동안 헌신했으나 거기서 안주하며 계속 봉사할 수가 없었다. 고신에서 내침을 받았을 때는 석 달 동안 갈 곳 없이 지내면서 설교할 수 있는 강단을 주시도록 하나님께 매

달리기도 했던 그였다. 그런 쓰라린 역사를 뒤로 하고 그는 합동신학교를 함께 일구어 온 사람들, 그를 진정으로 기리는 사람들의 영접을 받아 학교 뒷동산에 편히 잠들어 있다.

그의 묘비에는 이생에서 어려움 많은 나날의 삶을 사는 성도들에게 하나님만 의지하고 바라며 살라는 주님의 말씀, 즉 평소에 박윤선에게 힘을 실어 준 말씀과 하나님께서는 그의 백성인 성도의 죽는 것도 귀하게 지켜보신다는 말씀이 새겨져 있다.

"그러므로 내일 일을 위하여 염려하지 말라 내일 일은 내일 염려할 것이요 한 날 괴로움은 그 날에 족하니라"(마 6:34).

"성도의 죽는 것을 여호와께서 귀중히 보시는도다"(시 116:15).

11. 맺음말

　박윤선은 진실하고 겸손하며 기도 많이 하는 경건한 그리스도인이요, 신학자임을 많은 이들이 인정하고 그를 존경한다. 그가 1979년 3월 성경 주석을 완간할 즈음에 미리 작성한 유언장을 보면 그가 얼마나 주님의 교회를 사랑하며 사심이 없이 주의 복음을 위해 살아왔는지 새삼 알 수 있다. 그는 주석에서 얻게 될 인세를 가족을 위해서는 하나도 남기지 않고 아래와 같이 배분한다고 유언하고 있다.

　인세의 30%를 해외 선교비로 쓰도록 하고, 나머지는 학문성과 헌신이 뛰어난 학생, 가난한 학생, 한국의 복음화, 군 선교, 가난한 농촌 목회자 자녀 교육, 나환자 시각장애인과 같은 장애인, 고령의 신자들을 위하여 각각 10% 씩을 배분하도록 유언하였다.[113]

---

113) 서영일, 같은 책, 390.

해방 이후 그는 고려신학교 설립에 참여하고 고신에 개혁주의 신학의 기초를 놓았으며 한국 교회에 화란의 개혁신학을 소개하였다. 그는 한국 교회 신사 참배 회개 운동에 참여하되 신사 참배를 이겨낸 성도로서가 아니고 실패하였으므로 뼈아프게 회개하며 하나님의 자비와 용서를 비는 회개자로 참여하여 회개 운동을 주도하였다. 하나님 앞에 진심으로 회개하는 그의 겸손하고 진실한 자세와 설교는 많은 사람들에게 함께 회개의 은혜를 경험하게 하였다.

박윤선이 고려신학교와 고신 교단에서 총회신학교와 합동 교단으로, 다시금 합동 교단에서 합동신학교와 합신 교단으로 옮겨 다닌 그의 편력을 두고 그를 분리주의자라고 하는 비판도 있다. 그러나 그런 경력 때문에 그를 분리주의자라고 치부하는 것은 옳지 않다.

박윤선은 교회 정치적인 힘을 발휘하여 사람들로 하여금 자신이 가고자 하는 길로 이끌고 가거나 하는 그런 위인도 아닐뿐더러 그렇게 처신한 적도 없었다. 박윤선이 교단을 옮기게 된 것은 그가 성경 말씀대로 개혁주의 전통과 원리를 따라서 진실하게 바르게 살자고 가르치며 호소하는 소리를 질렀기 때문이며, 타협을 모르는 그의 자세 때문이었다. 진실보다는 교세의 균형과 유지에 관심을 기울이는 교권을 장악한 사람들에 의하여, 마치 교회 역사에서 교회 개혁을 주창하다가 희생을 당한 종교개혁의 선구자들처럼 그는 거세되고 희생되었던 것이다.

합동신학교 설립에 참여할 때 그는 분열의 책임을 져야 한다는 오명이 두려워서 교권주의자 때문에 휘둘리는 부조리한 교회적인 현실에서 침묵하며 타협하는 길을 택하지 않고, 교회의 쇄신을 외치는 어렵고 고독한 길을 택하였다.

박윤선은 성경 전체를 주석하는 대업을 이룬 주석가이다. 그는 주석을 통하여 한국의 설교자들에게 성경 해석에 눈을 뜨게 해 주었으며 설교를 위한 자료를 제공함으로써 크게 도움을 주었다. 신학 교육에서 그는 후학들에게 신학이 교회를 섬기기 위한 학문임을 말과 글로써 강조할 뿐 아니라 목회를 동반한 그의 삶을 통하여 역설하였다.

그는 한국 장로교회가 본래 표방하는 칼빈주의 신학, 즉 개혁주의 신학의 바탕 위에 서도록 많은 글을 쓰고 가르침으로써 교회의 쇄신을 도모한 개척자요, 개혁신학자이다.

그는 자유주의와 신정통주의 신학에 대항하여 정통 신학을 보수하는 한편, 기복 신앙을 탈피하지 못한 채 세대주의와 근본주의 신앙에 머물고 있는 한국 장로교회가 본래 표방하는 칼빈주의 신앙과 신학을 지향하도록 가르치는 일에 선구자적인 역할을 하였다. 성경 이해를 위하여 칼빈주의적 해석 원리를 강론하고 풍유적인 해석을 지양해야 할 것을 가르친 것과 칼빈주의의 특징이라고 할 수 있는 하나님의 주권 사상과 함께 일반 은총을 가르친 일은 귀한 업적이다.

하기는 그가 설교에서는 풍유적인 해석을 그냥 답습했으며, 한국의 실제적인 사회 상황에서는 한국의 보수적인 교회가 이해하고 따르는 대로 일반 은총을 강조하는 신학보다는 신령주의적이며 경건주의적 자세를 취한 것은 개혁주의 창달을 위하는 일로는 미흡했다고 하겠으나, 그 역시 과도기적 역사에 산 인물로서 시대적 한계를 벗어나지 못해서 그랬던 것으로 이해해야 할 것이다. 좀 더 긍정적으로 본다면, 박형룡도 그랬지만, 박윤선은 개혁주의 신학의 선각자였으나 자신이 알고 있는 지식을 따라 독주함으로써 사람들에게 충격을 주는 그런 선각자는 아니고, 경건주의적이며 복음주의적인 설교를 필요로 하며 그런 신앙에서 사는 한국 교회 성도들과 보조를 같이 하며 가르친 선생이었다.

선교를 받은 지 오래지 않은 나라의 그리스도인들이 전통적이며 정통적인 신앙과 신학에 근거하면서 문화에 적응하거나 대응하는 기독교적 세계관을 가진다는 것은 짧은 시일에 성취될 수 있는 일이 아니다. 기독교 신앙의 수용을 위하여 진력해야 하는 개척 시대의 신학자에게 그런 것을 두루 다 갖추어 해내었기를 기대하는 것은 너무 많은 것을 요구하는 것이다. 그럼에도 불구하고 박윤선은 박형룡과 더불어 개혁주의 신앙과 창달을 위하여 개척자로서의 몫을 다한 신학자이다. 그런 점에서 그들은 자유주의 신학자들과는 구별된다. 자유주의 신학자들은 신학의 자유를 구가하며 자신들의 사상을 스스럼없이 펼치며 기독교의 문화적 적응에 집중적인 관심을 기울인다. 그러나 기독교의 전통적인 신앙과 경건은 소홀히 하는 편이므로 사람들이 경건하고 확고한 기독교 신앙을 가지는 일에 도움을 주지 못한다.

많은 동역자들과 제자들 및 후학들이 존경하고 높이 평가하듯이, 박윤선은 경건과 학문을 겸비한 신학자였으나 경건을 더 추구한 기도의 사람이요, 자신의 실수와 연약함을 솔직히 고백하는 진실하고 겸손한 그리스도인이었다. 성경의 진리를 사람들에게 전달하기 위하여 그는 강단에서나 교단에서 늘 진지한 어조와 자세로 열정을 쏟아 설교하고 가르쳤다. 그는 그를 아는 사람들에게 주 예수 그리스도와 그리스도의 교회를 진정으로 사랑하는 모습의 사람으로 깊이 각인된 한국 교회의 참으로 귀한 스승이다.

참고문헌

박윤선의 성경 주석과 저서들, 신학지, 「파수군」, 「신학지남」, 「신학정론」 등에 실린 그의 글들
김양선, 『한국 기독교 해방 십년사』, 서울: 대한예수교장로회 종교교육부, 1956.
김영재, 『한국교회사』, 서울: 이레서원, 2004
기타 한국교회사 관련 서적들.

박윤선, 『성경과 나의 생애』, <자서전>, 서울: 영음사, 1992.
서영일, 『박윤선의 개혁 신학 연구』, 장동민 역, 서울: 한국기독역사연구소, 2000.
심군식, 『박윤선 목사의 생애』, 도서출판 영문 1996.
「정암 박윤선의 설교」, <제18회 정암신학강좌>, 합동신학대학원대학교, 2006.
「죽산 박형룡과 정암 박윤선」, <제17회 정암신학강좌>, 수원: 합동신학대학원대학교, 2005.
『합동신학대학원 20년사』, 수원: 합동신학원출판부 2000.
『박윤선의 생애와 사상』, 수원: 합동신학교출판부, 1995.

박윤선 연보

1905. 12. 11.	평안북도 철산군 백량면의 해변 마을 장평동에서 박근수(부)와 김진신(모)의 2남 3녀 중 둘째 아들로 태어남.
1913.~1922.	서당에서 한학(四書五經) 수학.
1922.~1923.	선천 대동소학교에 입학하여 1년 만에 졸업.
1923. 겨울	김애련과 혼인. 자녀: 춘호, 요한, 단열, 춘자, 혜란.
1923.~1927.	선천 신성중학교(5년제) 졸업.
1927.~1931.	평양 숭실전문학교(4년제) 영문과 졸업.
1931.~1934.	평양 장로회신학교(3년제) 졸업.
1934.~1936.	미국 필라델피아 웨스트민스터신학교 신학과 석사(Th. M.)
1936.8.~1938.7.	평양 장로회신학교 성경 원어 강사. 총회 표준 성경주석 편집부 근무.
1938.9~1939.11.	웨스트민스트신학교에서 변증학 및 성경 원어 연구.
1940.4.~1941.3.	만주 봉천(현 심양) 오가황교회 목회.
1941.4~1943.7.	봉천 만주신학교 교수.
1944.4.~1945.8	만주 안산에서 성경주석 저술.
1945.8.27.	귀국, 가족과 함께 4개월간 고향 철산에서 거주하며 목회.
1956.2. 하순.	월남, 3월 1일 서울 도착.
1946.6~8.	부산 고려신학교 설립을 앞두고 진해에서 신학강좌.
1946.9.20.	부산 고려신학교 교장 서리 취임.

1947.10.14.	위 학교 교수 취임.
1948.5.	위 학교 2대 교장 취임.
1953.10~1954.3.	화란 암스텔담 자유대학교에서 신약학 연구. 부인의 사망으로 귀국.
1954.9.	미국 필라델피아 페이스신학교에서 명예박사 학위(D.D.) 받음.
1954.10.	이화주와 혼인. 자녀: 성은, 성진, 성혜.
1960.10.	부산 고려신학교 사임.
1961.2~1964.4.	서울 동산교회(서대문) 목회.
1961.3~1963.2.	위 동산교회에서 개혁신학교 개설.
1963.3.10.	서울 총회신학교(사당동) 교수 취임.
1964.	위 학교 7대 교장 취임(윤번제).
1965.3~1967.2.	위 학교 부산분교 교수. 부산 성산교회 목회.
1967.3~1974.11.	위 서울 본교 신학원 교수.
1968.6~1973.	서울 한성교회(노량진동) 개척, 목회.
1974.11.	서울 총신대학신학원 교수 퇴임(70세 은퇴).
1974.12.~1979.1.	미국 로스앤젤레스에서 성경주석 저술 전념.
1979.3.	서울 총신대학 대학원장 취임.
1979.9.3.	미국 웨스트민스터신학교 명예박사(D.D.) 학위 받음.
1979.10.9.	성경주석 완간 감사예배(총신대학 강당에서).
1980.11.	서울 총신대학 대학원장 사임.
1980.11~1985.2.	수원 합동신학원 초대 원장.
1981.4.	장안교회(노량진) 설립.(역삼동으로 이전하여 1987.2. 화평교회와 병합)
1985.3.~1988.6.	수원합동신학교 명예 교장.
1987.4.27.	성역 50년 감사예배(반포동 남서울예배당)
1988.6.30.	서울 영동 세브란스병원에서 별세.

현대 신학자 평전 15

박윤선
-경건과 교회 쇄신을 추구한 개혁신학자-

초판발행 2007년 9월 3일
2쇄발행 2007년 11월 19일
지은이 김영재
펴낸이 심만수
펴낸곳 (주)살림출판사
출판등록 1989년 11월 1일 제9-210호

주소 413-756 경기도 파주시 교하읍 문발리 파주출판도시 522-2
전화 영업부 (031)955-1350   기획편집부 (031)955-1365
팩스 (031)955-1355
이메일 salleem@chol.com
홈페이지 http://www.sallimbooks.com

ISBN 978-89-522-0167-6 04230 (세트)
ISBN 978-89-522-0690-9 04230

* 잘못된 책은 구입하신 서점에서 바꾸어 드립니다.
* 저자와의 협의에 의해 인지를 생략합니다.

값 12,000원